KLEINE HOTELS
MIT CHARME

TOSKANA UND UMBRIEN

D1719700

KLEINE HOTELS
MIT CHARME

TOSKANA UND UMBRIEN

mit Florenz und Siena

Aus dem Englischen übersetzt
von Christine E. Gangl, Renate Zeltner und Sidhi Schade

Christian Verlag
München

Herausgeber *Andrew Duncan*
Design *Mel Petersen*

Aus dem Englischen übersetzt von
Christine E. Gangl, Renate Zeltner und Sidhi Schade

Titelfoto *Hotel Torre di Bellosguardo, Florenz (Seite 64)*

4., vollständig überarbeitete Auflage
© 2006 der deutschsprachigen Ausgabe
by Christian Verlag, München
www.christian-verlag.de
Die vollständig überarbeitete Originalausgabe mit dem Titel
»Charming Small Hotel Guides: Tuscany & Umbria«
erschien erstmals 2003 im Verlag
Duncan Petersen Publishing Ltd., London.
Copyright © 1996, 1999, 2000, 2003, 2006 by
Duncan Petersen Publishing Ltd., London

Projektleitung: Dr. Alex Klubertanz
Redaktion: Christine E. Gangl, Dr. Alex Klubertanz
Layout: Dr. Alex Klubertanz
Umschlaggestaltung: Horst Bätz
Druck und Bindung: Polygraf, Presov
Printed in Slovakia

Alle deutschsprachigen Rechte vorbehalten.

ISBN 13 978-3-88472-552-8
ISBN 10 3-88472-552-1

Hinweis
Alle Informationen und Hinweise, die in diesem Buch enthalten
sind, wurden von den Autoren nach bestem Wissen erarbeitet und
von ihnen und dem Verlag mit größtmöglicher Sorgfalt überprüft.
Unter Berücksichtigung des Produkthaftungsrechts müssen wir allerdings darauf hinweisen, dass inhaltliche Fehler oder Auslassun-
gen nicht völlig auszuschließen sind. Für etwaige fehlerhafte Anga-
ben können Autoren, Verlag und Verlagsmitarbeiter keinerlei
Verpflichtung und Haftung übernehmen.

Korrekturhinweise sind jederzeit willkommen und werden gerne
berücksichtigt.

Besuchen Sie unsere Website
www.kleinehotels.de

INHALT

Einleitung

In diesem Einführungsteil

Willkommen zu dieser erweiterten Auflage von »Kleine Hotels mit Charme – Toskans und Umbrien«. Wir folgen dem Vorbild unserer letzten Auflagen von »Frankreich«, »Italien« und »Griechenland« und haben auch hier einige größere, leserfreundliche Neuerungen durchgeführt:

• Alle Hotels werden mit Farbfoto und einem ganz- oder halbseitigen Beitrag vorgestellt. Einträge ohne Foto gibt es nicht mehr.

• Die Karten der Hotelstandorte wurden grundlegend überarbeitet und verbessert.

Wir hoffen, dass Ihnen diese Neuerungen eine wirkliche Hilfe sind. In jeder anderen Hinsicht bleibt der Hotelführer seinen Kriterien und seiner Qualität treu, die ihn so einzigartig machen (siehe S. 7), wie uns so viele begeisterte Leser immer wieder bestätigen.

Von den Hotels unseres Italienführers haben wir nur einige wenige übernommen – diejenigen, die wir einfach nicht übergehen durften. Die Mehrheit der Beiträge in diesem vorliegenden Band ist im Italienführer jedoch nicht vertreten.

Warum sind wir einzigartig?

Dieser Führer ist der einzige völlig unabhängige Hotelführer (kein Hotel bezahlt in irgendeiner Weise für die Aufnahme) über die Toskana und Umbrien, der

• jedes Hotel im Farbbild vorstellt,

• nur Häuser berücksichtigt, die wirklich Charme und Charakter besitzen,

• die vorgestellten Hotels sorgfältig auswählt,

• besonderen Wert auf eine überschaubare Größe der Hotels legt. Die meisten verfügen über weniger als 20 Zimmer. Sind es mehr, erscheint das Hotel kleiner als es ist. Wir sind der Meinung, dass ein wirklich herzlicher Empfang viel eher in einem kleinen Hotel gewährleistet ist;

• hohen Wert auf die ausführliche Beschreibung der Hotels legt, anstatt störende oder unverständliche Symbole zu verwenden;

• von einem kleinen, unbürokratischen Verlag mit einem Team gleich gesinnter Tester herausgegeben wird. Vergleichen Sie auch unsere Auswahlkriterien auf Seite 8.

Unsere Auswahlkriterien

• Eine ruhige und attraktive Lage. Wenn das Hotel in einer Stadt liegt, müssen wir bezüglich der Ruhe natürlich manchmal Konzessionen machen.

• Ein Gebäude, das besonders schön, interessant oder historisch bedeutend ist – oder wenigstens besonders viel Charakter hat.

• Ausreichend Platz in einem familiären Rahmen. Wir schätzen keine Hotels, die durch ihre Vornehmheit oder falsche Ambitioniertheit einschüchtern.

• Guter Geschmack und Fantasie in der Inneneinrichtung. Wir lehnen standardisierte Einrichtungsgegenstände und Einheitsdekorationen wie bei Hotelketten ab.

• Zimmer, die wie wirkliche Schlafzimmer wirken und individuell eingerichtet sind – nicht wie unpersönliche Hotelzimmer.

• Möbel und andere Teile der Einrichtung, die bequem sind und gut gepflegt werden. Wir freuen uns über interessante antike Möbelstücke, die zum Gebrauch, nicht zum Bestaunen da sind.

• Eigentümer und Personal, die engagiert und planvoll zu Werke gehen. Ein persönlicher Empfang, der weder unterkühlt noch aufdringlich ist. Der Gast sollte sich als Individuum behandelt fühlen.

• Gute und interessante Küche. In Italien liegt die Qualität des Essens gemeinhin über dem Standard. Es gibt nur wenige Hotels in diesem Führer, deren Küche nicht überdurchschnittlich gut ist.

• Eine angenehme Atmosphäre. Es sollten weder aufdringliche Menschen mit ihrem Geld angeben, noch sollte das Hotel einen exklusiven und elitären Charakter aufweisen.

Umfangreich und wählerisch

Wir haben in altbewährter Manier die Zahl der Einträge bei ungefähr 200 belassen. Diese dürfte dem Großteil der kleinen Hotels mit Charme entsprechen, die es in dieser Region überhaupt gibt. Nähmen wir mehr Unterkünfte in unseren Führer auf, würden wir unserem Prinzip untreu, ausschließlich die Hotels zu erwähnen, die mehr zu bieten haben als lediglich ein Bett für die Nacht. Bei jedem Eintrag überlegen wir uns sehr genau, ob das Hotel unabhängig von seiner Anzahl an Sternen oder Annehmlichkeiten etwas Besonderes ist.

Die verschiedenen Übernachtungsmöglichkeiten

Trotz seines Titels beschränkt sich dieser Hotelführer nicht auf Unterkünfte, die mit Hotel bezeichnet sind oder wenigstens so tun. Im Gegenteil: Wir suchen nach Orten, die ein Zuhause fern von zu Hause bieten (siehe unten). Wir nehmen kleinere und Hotels mittlerer Größe auf; viele der traditionellen italienischen Gästehäuser *(pensioni)*, von denen einige nur Bed & Breakfast, andere auch Mittag- und Abendessen anbieten; Restaurants mit Gästezimmern; *agriturismo*-Unterkünfte, die normalerweise Bed & Breakfast auf Bauernhöfen darstellen; und auch einige Selbstversorgerappartements mit Charme in der Stadt sowie auf dem Land.

Kein Sponsoring!

Wir gehören zur Minderheit der unabhängigen Hotelführer, denn wir meinen, dass es fatal ist, wenn sich der Verlag für die Aufnahme eines Hotels bezahlen lässt. Führer, die gegen Bezahlung arbeiten, sind weder bei der Auswahl noch bei der Beschreibung der Hotels objektiv, obwohl sie die Illusion ihrer Unabhängigkeit angestrengt aufrecht erhalten wollen. Fast keiner gibt auf dem Buchumschlag zu, Geld für den Abdruck von Hotelempfehlungen zu bekommen — die meisten verstecken diese Information vielmehr diskret im Inneren.

»Zuhause fern von zu Hause«

Am schwierigsten heraufzubeschwören ist das Gefühl, sich in einem Privathaus zu befinden, aber nicht um den täglichen Kleinkram kümmern zu müssen. Um dieses Geheimrezept herauszufinden, bedarf es einer besonderen Professionalität: Der Eigentümer

muss die Balance zwischen unbefangener Atmosphäre und aufmerksamem Service wahren. Wer dieses Gefühl einmal erlebt hat, wird andere Unterkünfte tunlichst meiden — und mögen sie noch so luxuriös sein!

Toskana und Umbrien für den Reisenden

Diese beiden Regionen sind sowohl in Bezug auf die Landschaft als auch auf das einzigartige künstlerische Erbe mit unvergleichlicher Schönheit gesegnet. Von der Rivieraküste mit ihren weißen, piniengesäumten Stränden über die Hügelketten des Chianti mit seinen Zypressen, Olivenhainen und Weinbergen bis nach Umbrien, dem grünen Herzen Italiens, findet der Besucher eine außerordentliche Vielfalt an Landschaftsformen: Die Garfagna in der Nordwestecke der Toskana mag an die imposante Bergwelt der Alpen erinnern, während in der noch wenig besuchten Maremma im Südwesten Viehhirten zu Pferde anzutreffen sind.

Über das ganze Gebiet verstreut finden sich Italiens berühmteste Kunststädte wie Florenz, Siena, Volterra, San Gimignano, Perugia, Assisi und Gubbio, die besonders unter den Folgen des Massentourismus zu leiden haben. Dem Besucher ist also zu empfehlen, die ausgetretenen Touristenpfade zu verlassen und in der Nebensaison auf Entdeckungsreise zu gehen.

Sowohl in der Toskana als auch in Umbrien locken noch zahlreiche wenig bekannte Städte: Montefalco, das wegen seiner großartigen Aussicht als »Balkon Umbriens« bezeichnet wird; Trevi mit seiner spektakulären Gebirgslage; Pienza, ein schönes, einzigartiges Dokument für die Stadtplanung in der Renaissance; San Pietro a Sieve im Mugello, dessen unattraktive Außenbezirke in scharfem Kontrast zum mittelalterlichen Zentrum stehen.

Zimmer und Bäder

Die meisten hier aufgeführten Hotels befinden sich in alten Gebäuden – in Bauernhäusern, mittelalterlichen Burgen, Renaisancevillen und -palazzi, ehemaligen Klöstern oder soliden Häusern aus dem 19. Jahrhundert. Damit ist zwar Individualität garantiert, doch können im selben Hotel je nach Standard die Zimmer und manchmal auch die Preise erheblich variieren. Bei der Vorbestellung sollte man deshalb seine Wünsche anmelden: Nicht jede Mönchszelle bietet eine schöne Aussicht und einen direkten Zugang zum Bad, das meistens erst nachträglich eingebaut wurde!

Mahlzeiten

Der einzige Ort, an dem man in Italien in Bezug auf Kaffee Enttäuschungen erleben kann, ist das Hotel, denn mit dem in einer Bar frisch zubereiteten *espresso* oder *cappuccino* ist nichts zu vergleichen. Wem also die erste Tasse Kaffee am Morgen viel bedeutet, der sollte einen von beiden bestellen. In Bed-and-Breakfast-Unterkünften wird meist ein so genannter *moka* in einer für italienische Haushalte typischen Aluminiumkanne serviert.

In Hotels gibt es im Allgemeinen ein üppiges Frühstücksbüfett, das den ganzen Tag für Sättigung sorgt; die meisten Italiener geben sich am Morgen allerdings mit einem Cappuccino und einer Brioche zufrieden.

Halbpension ist nur selten obligatorisch und oft gar nicht zu haben, selbst wenn es im Hotel ein Restaurant gibt. Die meisten Gäste ziehen es vor, die Lokale in der Gegend auszuprobieren.

Kinder

Sie sind in den meisten italienischen Hotels nicht nur akzeptiert, sondern willkommen. Oft gibt es spezielle Einrichtungen wie Kinderbetten, Kindersitze, Babyphone und Mittagsmahlzeiten. Im Voraus sollte abgeklärt werden, ob Kinder die Eltern am Abend in den Speisesaal begleiten können.

Hotels, Villen, locande, agriturismo

Die Skala der Unterkünfte in der Toskana und in Umbrien bietet für jeden Geschmack und jeden Geldbeutel etwas. Der Begriff »Hotel« ist sehr allgemein; dasselbe gilt aber auch für das italienische Pendant »albergo«. »Villen« sind in der Stadt und auf dem Land zu finden, die Bezeichnung ist eher zufällig: Ein nichtssagendes Haus in der Stadt oder ein Bauernhaus wird manchmal Villa genannt, ein viel eleganterer Bau aber heißt einfach *albergo*. Die Begriffe »palazzo« und »pensione« beziehen sich meist auf städtische Unterkünfte, unter »agriturismo« versteht man ein Bauernhaus mit Bed & Breakfast oder Appartements mit Selbstversorgung. Es gibt auch noch »residence«, »relais«, »locanda«, »castello« und »fattoria«. Unter all diesen verschiedenen Namen firmiert eine große Vielzahl von Betrieben, vom Palasthotel der Weltklasse bis zum einfachen Gästehaus.

Was wir mögen

- Wunderschöne alte Gebäude, die liebevoll restauriert wurden;
- Hotels in ausgezeichneter Lage mit großartigen Ausblicken;
- Frühstücksbüfetts mit Früchten, Käse, Wurst, kaltem Braten und Joghurt;
- Penibel saubere Zimmer und Bäder;
- Qualitativ hochwertige Leinenbettwäsche und bequeme Kopfkissen.

Was wir nicht mögen

- Fantasieloses Frühstück;
- Geschmacklose Minibars;

- Zimmer mit zu wenig Stauraum;
- Langweilige, weiß gefliese Bäder;
- Badezimmer, die nur eine Duschkabine und keine Badewanne haben.

In Florenz haben es viel zu viele Hotels gar nicht nötig, sich besonders anzustrengen, denn ein nie abreißender Strom von Touristen sorgt für eine hohe Auslastung, trotz extrem hoher Preise. Deshalb empfiehlt sich der Aufenthalt außerhalb der Stadt, wo für weniger Geld ein größeres Zimmer zu bekommen ist.

Reiseinformationen

Auf der nächsten Seite sind die staatlichen Feiertage in Italien aufgelistet, an denen Banken und Geschäfte geschlossen sind und die öffentlichen Verkehrsmittel seltener verkehren. Außerdem gibt es in jeder Stadt traditionelle Feste und Veranstaltungen wie das Sarazenenturnier (»Giostra del Saracino«) in Arezzo Mitte Juni und Anfang September oder das Fußballspiel in tradionellen Kostümen (»Calcio Storico«) im Juni und Juli auf der Piazza Santa Croce in Florenz. Am berühmtesten ist jedoch das am 2. Juli und 16. August stattfindende Pferderennen (»Palio«) auf der Piazza del Campo in Siena. Neujahr (Capodanno) 1. 1.; Dreikönigstag (Epifania) 6. 1.; Karfreitag (Venerdi Santo); Ostersonntag (Pasqua); Ostermontag (Pasquetta); Tag der Arbeit (Festa del Lavoro) 1. 5.; Mariä Himmelfahrt (Ferragosto) 15. 8.; Allerheiligen (Tutti Santi) 1. 11.; Fest der Unbefleckten Empfängnis (Immacolata Concezione) 8. 12.; 1. Weihnachtstag (Natale) 25. 12.; 2. Weihnachtstag (Santo Stefano) 26. 12.

Flüge

Die wichtigsten Flughäfen der Toskana befinden sich in Florenz und

---

Buchungsservice

Wenn Sie die Hotels in diesem Buch schnell und einfach buchen oder sich eine individuelle Reise zusammenstellen lassen möchten, können Sie sich an das Reisebüro am Patentamt in München wenden. Dort wird man Ihnen gerne weiterhelfen.

Reisebüro am Patentamt
Frau Helga Henning
Kennwort: Kleine Hotels mit Charme
Tel.: 089 / 22 79 63
Fax: 089 / 228 34 06

Besuchen Sie unsere website
www.kleinehotels.de
oder buchen Sie bequem online bei:
www.tui-hotels.com

Pisa, hier gibt es auch Mietwagen. Der Pisaner Flughafen ist mit dem Florentiner Flughafen durch stündlich verkehrende Züge verbunden. Da die öffentliche Verbindung nach Florenz nur unzureichend ist, empfiehlt sich eine Taxifahrt ins Zentrum.

Umbrien verfügt lediglich über einen kleineren Flughafen nahe Perugia. Es bestehen Flugverbindungen mit Pisa oder Florenz, aber auch mit Rom und Rimini.

Vergleichen Sie die Preise

In diesem Führer verwenden wir ein System von Preisspannen, anstatt wie in früheren Ausgaben die exakten Preise zu nennen. Wir haben zu oft erlebt, dass sich die Preise änderten, noch bevor unser Führer aus der Druckpresse kam. Die Preisspannen beziehen sich auf ein übliches Doppelzimmer in der Hauptsaison mit Frühstück für zwei Personen. Sie bedeuten:

€	weniger als 120 Euro
€€	120 bis 180 Euro
€€€	180 bis 260 Euro
€€€€	260 bis 350 Euro
€€€€€	mehr als 350 Euro

Um unangenehme Überraschungen zu vermeiden, sollten Sie bereits bei der Buchung nachfragen, was in diesem Preis enthalten ist (z. B. Mehrwertsteuer, Bedienung, Frühstück, Snacks).

Achtung! Manche Hotels, vor allem in Florenz, verlangen in der Hauptsaison bei großer Nachfrage oft mehr, als sie ursprünglich angegeben haben. Gelegentlich kann der Preis eine ganze Stufe in der Preisskala hinaufgehen.

Wie Sie einen Eintrag finden

Die Einträge in diesem Führer sind geographisch gegliedert. Die Toskana ist in ihre neun Provinzen unterteilt – Arezzo, Florenz, Grosseto, Livono, Lucca, Pisa, Pistoia, Prato und Siena –, Umbrien in Perugia und Terni. Innerhalb dieser Gruppen sind die Hotels alphabetisch nach der Stadt oder dem am nächsten gelegenen Ort aufgeführt. Wenn es mehrere Hotels dort gibt, sind die Hotelnamen alphabetisch geordnet.

• Benutzen Sie die Karten auf den Seiten 14–32. Die eingetragenen Ziffern weisen auf die Seiten hin, wo das Hotel behandelt ist.

• Wenn man die Gegend schon kennt, in die man reisen möchte, überfliegt man den betreffenden Abschnitt, bis man das den persönlichen Wünschen entsprechende Hotel gefunden hat.

• Man schlägt in den Registern am Ende des Bandes nach. Hier sind die Beiträge nach den Hotelnamen (Seiten 199–201) und nach den Orten (Seiten 202–204).

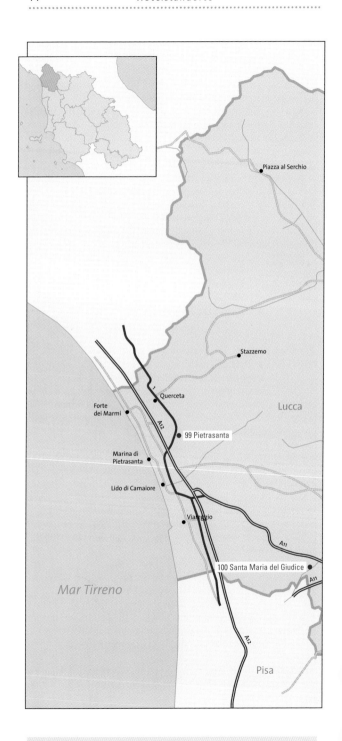

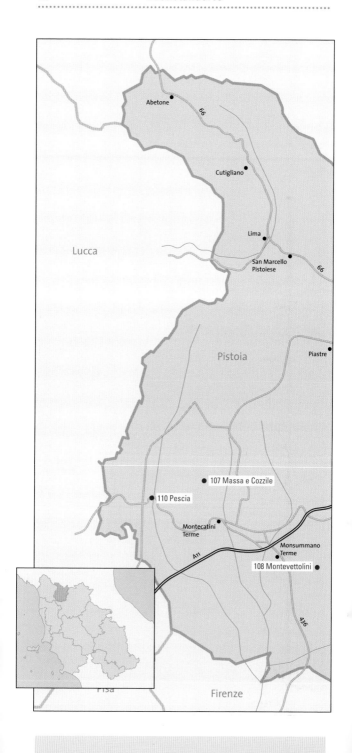

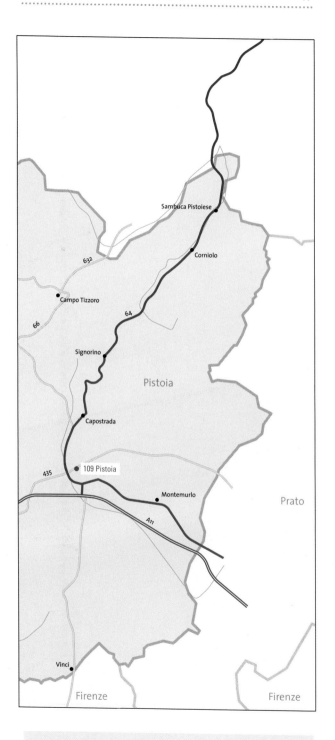

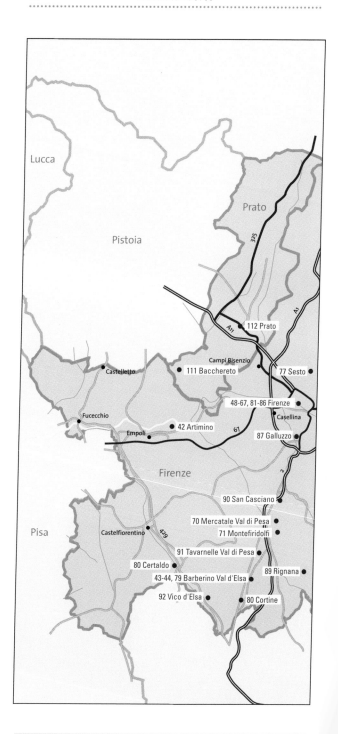

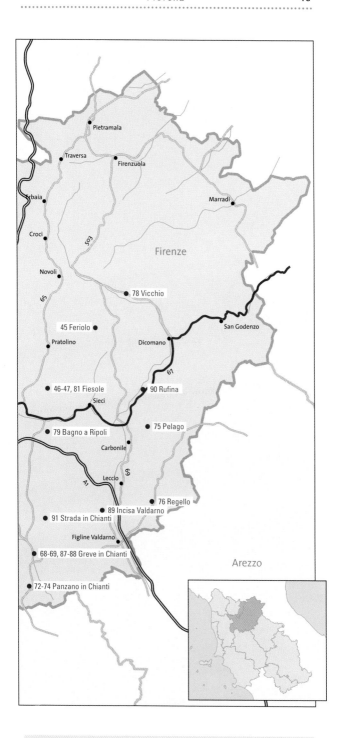

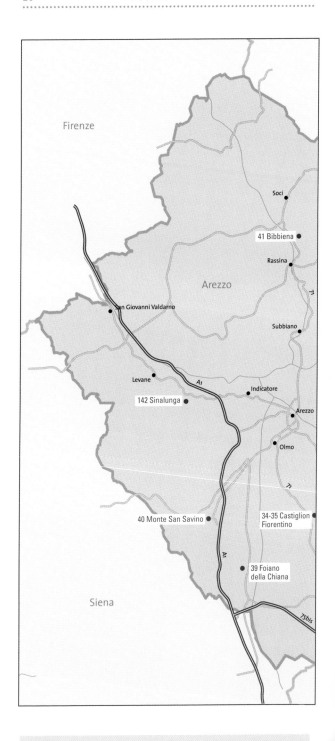

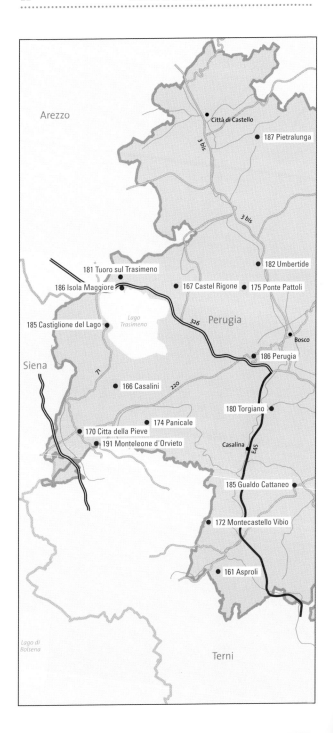

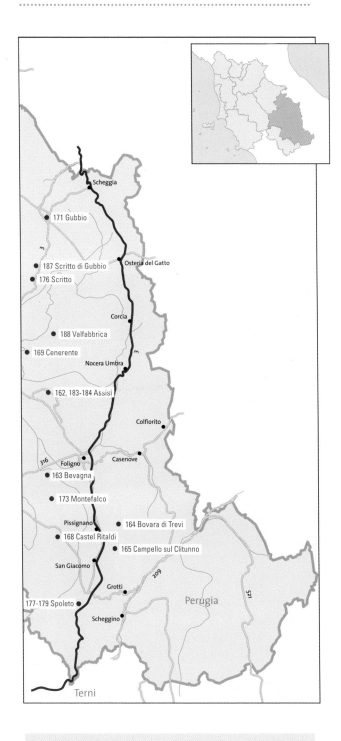

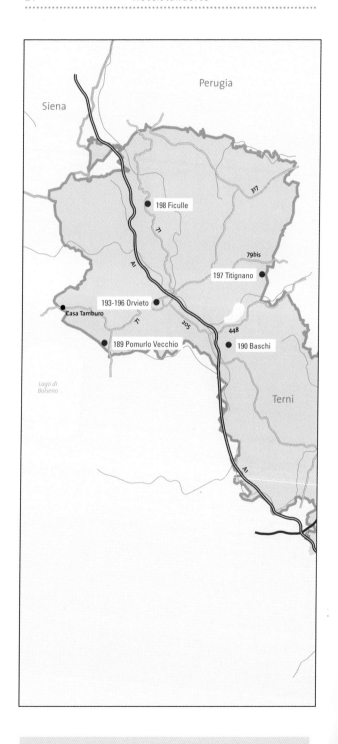

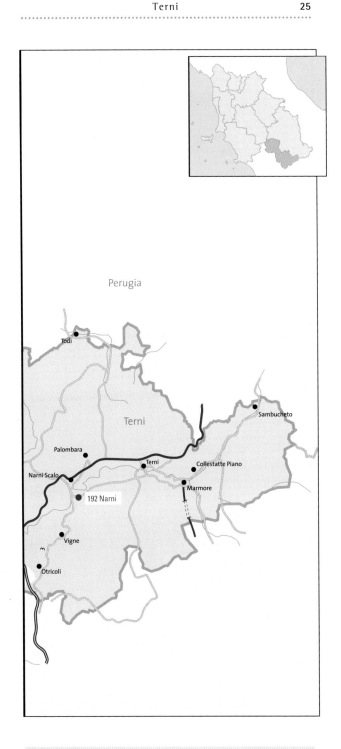

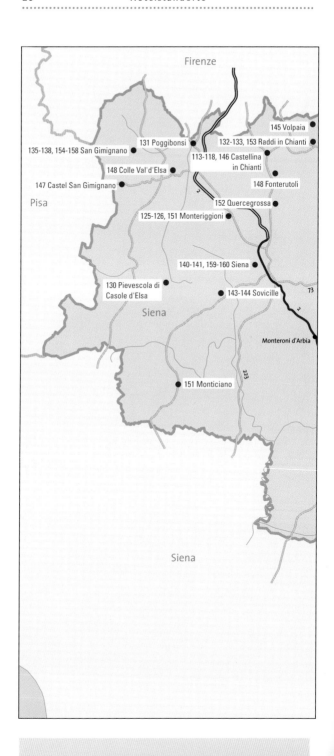

Firenze

145 Volpaia

131 Poggibonsi

132-133, 153 Raddi in Chianti

135-138, 154-158 San Gimignano

113-118, 146 Castellina
in Chianti

148 Colle Val d'Elsa

Pisa

148 Fonterutoli

147 Castel San Gimignano

152 Quercegrossa

125-126, 151 Monteriggioni

140-141, 159-160 Siena

130 Pievescola di
Casole d'Elsa

143-144 Sovicille

Siena

73

Monteroni d'Arbia

151 Monticiano

223

Siena

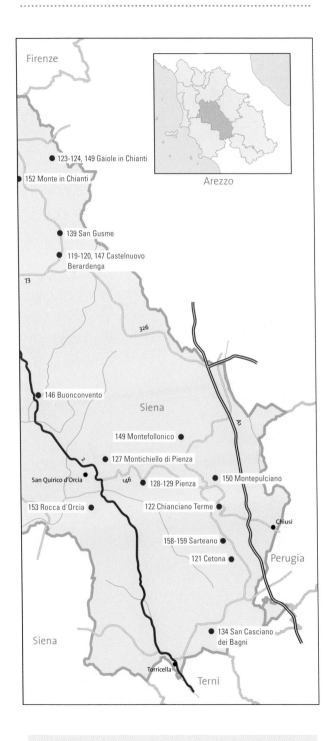

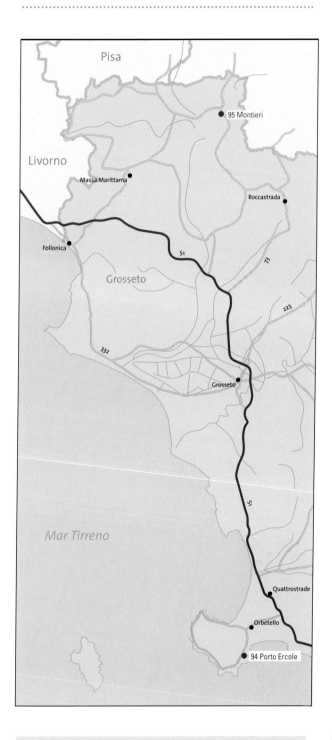

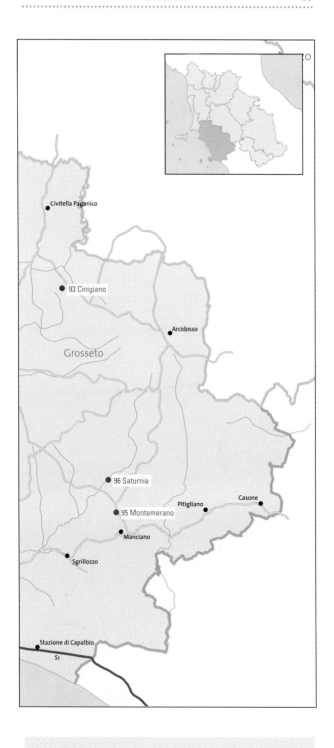

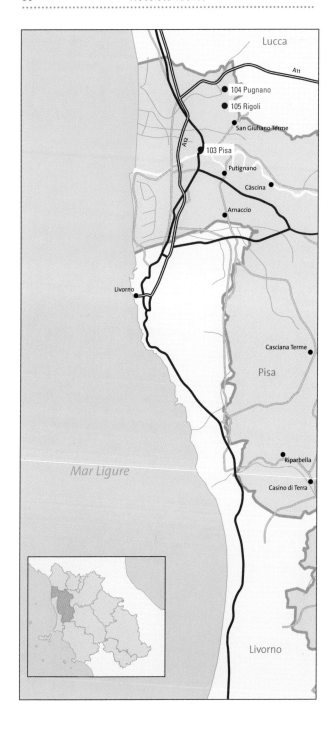

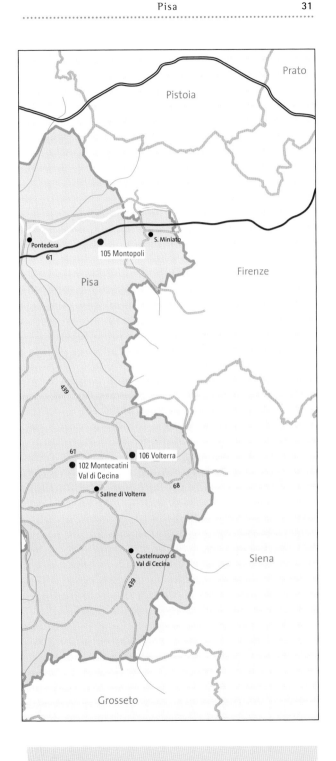

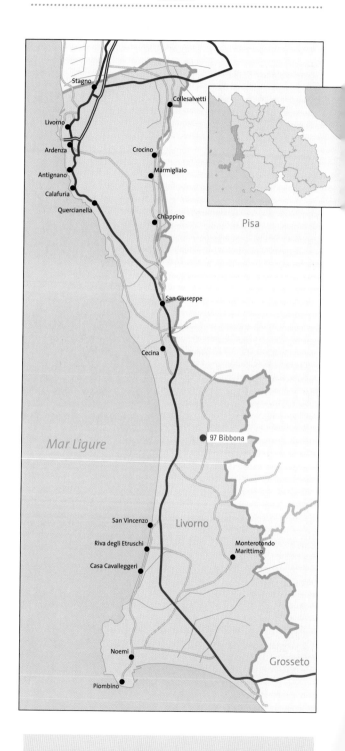

AREZZO

CAPRESE MICHELANGELO

Fonte della Galletta
∼ Berghotel ∼

Alpe Faggetta, Caprese Michelangelo, 52033 Arezzo
Tel & Fax (0575) 793925
E-Mail info@fontedellagalletta.it **Website** www.fontedellagalletta.it

Auf kurvenreicher Strecke gelangt man durch Kastanienwälder von der Sommerhitze der Tiberebene ins Wandererparadies Alpe di Catinaia. Hier oben in 800 m Seehöhe steigen die Temperaturen kaum auf 30 °C, auch nicht an heißen Julitagen.

Der Vater des jetzigen Besitzers hat vor gut 35 Jahren dieses steinerne Refugium in einem Stil gebaut, der eher an die Schweiz als an die Toskana erinnert. Fast das ganze Jahr (außer an Wochenenden und im August) ist es ein stilles, fast vergessenes Plätzchen. Gerade das macht seinen besonderen Reiz aus.

Die modernen Zimmer im Hauptgebäude sind klein und ziemlich unpersönlich; die Zimmer im Nebengebäude wurden renoviert. Die Betten sind sehr weich, aber der Besitzer legt auf Wunsch ein Brett unter die Matratze.

Das Restaurant ist gar nicht gemütlich, bietet aber zu jeder Jahreszeit ein verlockendes Angebot heimischer Gerichte – Wild, *porcini*, Trüffeln spielen eine Rolle, aber auch Polenta aus Kastanienmehl und Pecorino aus der Gegend.

∼

Umgebung: Michelangelos Geburtsort in Caprese Michelangelo (6 km)
Lage: 6 km oberhalb von Caprese Michelangelo; großer Parkplatz • **Mahlzeiten:** Frühstück, Mittag- und Abendessen • **Preise:** € • **Zimmer:** 22; 13 Doppelzimmer im Hotel und 6 im Nebengebäude, 3 Einzelzimmer, alle mit Dusche, TV
Anlage: Restaurant, Bar, Aufenthaltsraum, Garten, See • **Kreditkarten:** AE, MC, V
Behinderte: Zugang möglich • **Geschlossen:** 6. Jan. bis Mai (außer an Wochenenden) • **Sprachen:** Englisch • **Besitzer:** Familie Berlicchi

Arezzo

Castiglion Fiorentino

Relais San Pietro in Polvano
～ Hotel auf dem Land ～

Loc. Polvano 3, 52043 Castiglion Fiorentino, Arezzo
Tel (0575) 650100 **Fax** (0575) 650255
E-Mail polvano@technet.it **Website** www.polvano.com

Der kleine Ort Polvano in den Hügeln oberhalb von Castiglion Fiorentino besteht nur aus wenigen Häusern, darunter das solide gebaute Bauernhaus des Relais. Das pensionierte Ehepaar Protti kaufte das Anwesen und öffnete es nach seiner Renovierung 1998 als kleines Hotel im Familienbetrieb.

Die geschmackvolle moderne Einrichtung harmoniert aufs Beste mit den ursprünglichen rustikalen Elementen des Hauses, etwa den Balkendecken, den geziegelten Torbogen oder den Terrakottaböden. Stabile Landhausmöbel stehen einträchtig neben cremefarbenen Sofas, geflochteten Lehnsesseln und hellen Orientteppichen. In zwei gemütlichen Salons knistert das Feuer im offenen Kamin. Die Gästezimmer mit gusseisernen Betten und weißen Bezügen wirken sehr ordentlich. An kühleren Tagen werden die Mahlzeiten in den ehemaligen Stallungen serviert, während man im Sommer auf der weitläufigen, teilweise überdachten Terrasse sitzt. Von hier blickt man auf die wunderschöne unberührte Landschaft. Antonietta und ihre Schwiegertochter kümmern sich um die exzellente Küche.

Die Familie Protti legt viel Wert auf Ruhe und Entspannung, weshalb sie auf Fernsehen verzichtet und auch Familien mit Kindern unter zwölf Jahren von einem Aufenthalt in ihrem Haus abrät.

～

Umgebung: Cortona (20 km); Arezzo (25 km); Lago Trasimeno (20 km) • **Lage:** 10 Kilometer östlich von Castiglion Fiorentino auf eigenem Anwesen mit Parkplatz **Mahlzeiten:** Frühstück, Abendessen • **Preise:** €€€ • **Zimmer:** 10; 4 Doppelzimmer, 1 Einzelzimmer, 5 Suiten, alle mit Bad oder Dusche; alle Zimmer mit Telefon, Klimaanlage (Suiten und 2 Doppelzimmer), Fön • **Anlage:** Salons, Restaurant, Frühstücksraum, Terrasse, Garten, Swimmingpool • **Kreditkarten:** AE, MC, V **Behinderte:** keine speziellen Einrichtungen • **Tiere:** nicht gestattet • **Geschlossen:** Nov. bis Ende März • **Eigentümer:** Luigi Protti

Arezzo

Castiglion Fiorenito

Villa Schiatti
～ Ländliche Villa ～

Località Montecchio 131, Castiglion Fiorentino, 52043 Arezzo
Tel (0575) 651481 **Fax** (0575) 651482
E-Mail info@villaschiatti.it **Website** www.villaschiatti.it

Diese stattliche toskanische Villa in sicherer, aber doch günstiger Entfernung von der Autobahn Rom-Florenz liegt zwischen Olivenhainen. Das schlichte Familienhotel mit mehreren Appartements für längeren Urlaub bietet viel Platz. Die Familie Schiatti hat sich die Villa mit zwei Türmen zwischen Castiglion Fiorentino und Cortona, der toskanischsten aller Städte in der Toskana, im frühen 19. Jh. gebaut; sie lebte hier ein knappes Jahrhundert lang, dann starb die Linie aus.

Die jetzigen Besitzer, Familie Bortot, begannen 1989, das Haus unter größtmöglicher Schonung der ursprünglichen Bausubstanz zu renovieren. Die meisten Fußböden aus Ziegeln und Steinen blieben, wie sie waren; die Wände sind weiß getüncht und die schlichten Räume mit untadeligen Nachbildungen alter ländlicher Möbel ausgestattet. Leider aber fehlen im Innern ein paar Details, die für die Atmosphäre sorgen, die ein so aristokratisches Bauwerk eigentlich verdienen würde.

Signora Patrizia Bortots freundliche Art und der günstige Preis haben dafür gesorgt, dass die Zahl der Gäste jährlich steigt. Das Abendessen ist einfach und bekömmlich.

～

Umgebung: Castiglion Fiorentino (5 km); Cortona (8 km) • **Lage:** 5 km südlich von Castiglion Fiorentino, 1 km oberhalb der SS 71; mit Gärten und Parkplatz
Mahlzeiten: Frühstück und Abendessen • **Preise:** € • **Zimmer:** 9 Doppelzimmer mit Dusche, 3 Familienapartments, alle mit Telefon, TV • **Anlage:** Aufenthaltsraum, Restaurant, Schwimmbad, Garten • **Kreditkarten:** MC, V • **Tiere:** erlaubt
Behinderte: Zugang schwierig • **Geschlossen:** nie • **Sprachen:** Deutsch, Englisch, Französisch **Besitzer:** Familie Bortot

AREZZO

CORTONA

Agri Salotto
∾ Ländliches Gästehaus ∾

Loc. Burcinella 88, Santa Caterina di Cortona, 52040 Arezzo
Tel (0575) 617417 **Fax** (0575) 638026
E-Mail info@agrisalotto.it **Website** www.agrisalotto.it

In der Ebene des Val di Chiana unterhalb von Cortona schmiegen
sich Bauernhäuser an die Hänge, die selbst für die Toskana einzigartig sind. Die Häuser stammen aus dem 18. Jh., als diese Gegend
zum Großherzogtum Toskana gehörte, und heißen »case leopoldi-
ane«. Leider sind viele im Laufe der Zeit baufällig geworden, aber
Giovanni und Silvana Bianchi haben sich die Mühe gemacht, eines
der wenigen verbliebenen Häuser zu restaurieren; so ist ein Restaurant mit Gästehaus daraus geworden.
Im Untergeschoss ist es hell und luftig; das Restaurant und die Aufenthaltsräume nehmen einen U-förmigen Bereich ein, wo die Gäste
auf großen, bequemen Sofas einen Aperitif oder Kaffee zu sich nehmen können. Die Strenge des bäuerlichen toskanischen Stils wird
durch elegante alte Spiegel und tiefblaue chinesische Vasen gemildert. Die meisten der hellen, geräumigen Appartements sind im
Obergeschoss und mit einer Mischung aus Alt und Neu ausgestattet. Die Preise sind vernünftig; man kann auch für eine Nacht blei-
ben (in der Hauptsaison nicht immer). Den Gästen stehen der Garten und ein großer Pool zur Verfügung; die Landschaft verlockt
viele zu längerem Aufenthalt.

∾

Umgebung: Cortona (10 km); Siena (54 km) • **Lage:** auf eigenem Gelände; großer
Parkplatz • **Mahlzeiten:** Abendessen • **Preise:** €€ • **Zimmer:** 5 Appartements (1 für
2 Personen, 2 für 4 Personen, 2 für 6 Personen), alle mit Bad oder Dusche, Telefon,
TV, Wohnraum, Küche • **Anlage:** Aufenthaltsraum, Restaurant, Garten, Schwimmbad • **Kreditkarten:** keine • **Tiere:** nicht erlaubt • **Behinderte:** 1 Appartement mit
besonderer Einrichtung • **Geschlossen:** 3 Wochen im Jan. • **Sprachen:** Englisch,
Französisch • **Besitzer:** Silvana und Giovanni Bianchi

AREZZO

CORTONA

Il Falconiere
~ Landhaushotel ~

Loc. San Martino, Cortona, 52044 Arezzo
Tel (0575) 612679 **Fax** (0575) 612927
E-Mail info@ilfalconiere.com **Website** www.ilfalconiere.com

Die Ebene um den Lago Trasimeno, über dem das Haus liegt, war 217 v. Chr. Schauplatz einer Schlacht Hannibals gegen die Römer. Schlachten werden heute allenfalls auf der Autobahn A1 geschlagen, doch Il Falconiere ist eine so friedliche und kultivierte Zuflucht, dass Sie gar nicht merken, wie nah (in 20 Minuten Entfernung) Italiens risikoreichste Straße vorbeiführt.

Sie erreichen die Villa, die im 17. Jh. um einen früher befestigten Turm gebaut wurde, durch die sanfte Wiesenlandschaft außerhalb von Cortona. Sie liegt in einem wunderbar angelegten Gelände mit Olivenhainen, Obstbäumen und Rosen; auch das alte Zitronenhaus und die Kapelle mit angeschlossener Suite gehören dazu. Mit Sorgfalt und Liebe zum Detail ist die Einrichtung zusammengestellt; das beweisen die Trompe-l'oeil-Schnecken mit den Zimmernummern ebenso wie die handgestickten Vorhänge. Auf den unebenen alten Terrakottaböden liegen Orientteppiche. Im Taubenschlag auf dem alten Turm, den man über eine enge steinerne Wendeltreppe erreicht, befindet sich ein kleines Schlafzimmer mit Panoramafenstern, die einen unvergleichlichen Blick auf das Val di Chiana bieten.

Durch den Umbau einer nahe gelegenen Villa wurden acht neue Zimmer mit eigenem Frühstücksraum und Swimmingpool geschaffen. Das Gut produziert exzellenten Wein und Olivenöl. Auch Kochkurse werden abgehalten.

Umgebung: Cortona (3 km); Arezzo (29 km); Lago Trasimeno (10 km) • **Lage:** außerhalb von Cortona mit Blick auf das Val di Chiana, Parkplatz • **Mahlzeiten:** Frühstück, Mittag- und Abendessen • **Preise:** €€€€ • **Zimmer:** 19; 13 Doppelzimmer, 6 Suiten; alle mit Bad oder Dusche, Klimaanlage, Minibar, Telefon, TV, Safe **Anlage:** Schwimmbad (von Mai bis Sept.), Gärten, Restaurant • **Kreditkarten:** AE, DC, V • **Tiere:** erlaubt, aber nicht in den Zimmern • **Behinderte:** keine besonderen Einrichtungen • **Geschlossen:** Anf. Jan. bis Mitte Feb. • **Sprachen:** Deutsch, Englisch, Französisch • **Besitzer:** Riccardo Baracchi und Silvia Regi

AREZZO

San Michele
~ Stadthotel ~

Via Guelfa 15, Cortona, 52044 Arezzo
Tel (0575) 604348 **Fax** (0575) 630147

Man sollte meinen, es sei nicht schwer, einen Renaissance-Palazzo in ein Hotel umzubauen; doch gibt es viele Beispiele für unangemessene Modernisierung bei der Umgestaltung wertvoller Bauten. Um so mehr freut man sich über jede wirklich gelungene Adaption.

Das Hotel San Michele hat sich die Möglichkeiten, die sich an diesem früheren Sitz der Etruskischen Akademie boten, nicht entgehen lassen und einen Mittelweg zwischen Bewahrung und Modernisierung gefunden. Weißer Putz und nackte Balken werden mit üppigen modernen Stoffen kombiniert; elegante Ledersofas stehen auf den glänzend gewachsten Terrakottaböden. Sorgfältig ausgewählte Lichtquellen betonen die vielfältigen Wölbungen des *cortile*. In den Aufenthaltsräumen fallen prächtige Friese und schön gemeißelte Kamine ins Auge.

Die Zimmer sind eher zurückhaltend ausgestattet, mit schmiedeeisernen Betten und ländlichen Antiquitäten. Ein paar der größeren Zimmer haben sogar eine Art Zwischengeschoss, so dass Schlaf- und Wohnbereich getrennt sind.

~

Umgebung: Diözesanmuseum; Arezzo (29 km); Perugia (51 km) • **Lage:** mitten in der Stadt; Garage in der Nähe • **Mahlzeiten:** Frühstück • **Preise:** €€ • **Zimmer:** 43; 40 Doppel- oder Zweibettzimmer, 3 Suiten, alle mit Bad oder Dusche, Klimaanlage, Telefon, TV, Minibar • **Anlage:** Aufenthaltsraum, Frühstücksraum, Konferenzraum **Kreditkarten:** AE, DC, MC, V • **Tiere:** kleine Hunde erlaubt • **Behinderte:** 1 geeignetes Zimmer • **Geschlossen:** 15. Jan. bis 6. März • **Sprachen:** Deutsch, Englisch, Französisch • **Besitzer:** Paolo Alunno

AREZZO

FOIANO DELLA CHIANA

Villa Fontelunga
~ Ländliche Villa ~

Via Cunicchio 5, Foiano della Chiana, 52045 Arezzo
Tel (0575) 660410 **Fax** (0575) 661963
E-Mail sales@tuscanholiday.com **Website** www.villafontelunga.com

Der Plan dreier Freunde, ein Hotel in modernem toskanischem Stil zu eröffnen, wurde in dieser eleganten Patriziervilla aus dem 19. Jh. verwirklicht. Nahe Cortona oberhalb des Val di Chiana gelegen, bietet sie herrliche Ausblicke auf die Umgebung. Die große Kiesterrasse vor dem Haus führt zu abschüssigen Rasenflächen und Olivenbäumen, während ein raffiniert gestalteter Wohnraum im Freien mit Kamin und marokkanischen Stilelementen zum Verweilen an heißen Nachmittagen und milden Abenden einlädt. Die moderne Inneneinrichtung wirkt gleichermaßen elegant und gemütlich. Den Mittelpunkt des Hauses bildet die offene Küche – ein Wohn- und Essbereich mit knisterndem Kaminfeuer, Sofas und Couchtischen. In den luftig wirkenden Gästezimmern besticht der Mix aus Antiquitäten und Designermöbeln; die Badezimmer sind weiß und ohne Schnickschnack. Zum Anwesen gehören auch eine romantische Landhaus-Suite und drei nahe gelegene Ferienhäuser.
Die Besitzer fördern das gesellige Miteinander der Gäste, und zweimal pro Woche finden Dinnerpartys statt. Dieses locker-klassische Refugium wird besonders junge Leute reizen, die von dort aus die vielen Kunstschätze der Gegend erkunden können – sofern die Villa Fontelunga sie loslässt.

~

Umgebung: Cortona (20 km); Arezzo (28 km); Montepulciano (20 km) • **Lage:** Hanglage; Abzweigung von der SS 327 ca. 4 km nördlich von Foiano della Chiana; großer Parkplatz • **Mahlzeiten:** Frühstück, leichtes Mittagessen auf Bestellung, Dienstag/Freitag: Abendessen, Montag/Donnerstag/Sonntag: leichtes Abendessen **Preise:** €€€€ • **Zimmer:** 9; 8 Doppel-, 1 Zweibettzimmer, alle mit Bad oder Dusche; alle Zimmer mit Klimaanlage, Fön, CD-Player, eines mit TV/DVD; 3 Ferienhäuser für 2-6 Personen • **Anlage:** Speiseraum, Aufenthaltsraum, Terrassen, Garten, Pool, Tennisplätze, Fahrräder • **Kreditkarten:** AE, DC, MC, V • **Tiere:** kleine Hunde erlaubt • **Behinderte:** 1 Zimmer im Erdgeschoss • **Geschlossen:** von Ende Oktober bis eine Woche vor Ostern • **Besitzer:** Paolo Kastelec, Simon Carey, Philip Robinson

Arezzo

Castello di Gargonza
~ Burg auf einem Hügel ~

Gargonza, Monte San Savino, 52048 Arezzo
Tel (0575) 847021/22/23 **Fax** (0575) 847054
E-Mail gargonza@gargonza.it **Website** www.gargonza.it

Eine Allee führt an den Burgmauern vorbei den Hügel hinauf und zum Hauptplatz dieses Festungsdorfes, der von einem stattlichen Turm beherrscht wird. Von den Ausgucken konnte man in gefährlicheren Zeiten im Val di Chiana nach Feinden Ausschau halten. Wie vor Jahrhunderten ist das Dorf eine Ansammlung von Steinhäusern, manche mit winzigen Gartenterrassen, die durch gewundene, holprig gepflasterte Pfade verbunden sind. Der Burgbereich ist autofrei (außer zum Aus- und Einladen); hier herrscht eine stille, beruhigende Atmosphäre, abends wirkt er fast unwirklich.
Die *foresteria* bietet sieben sparsam eingerichtete Zimmer, die in der Hauptsaison für mindestens drei Tage gebucht werden müssen. 25 Selbstversorger-Appartements werden wochenweise vermietet und sind bei einem guten Preis-Leistungsverhältnis ideal für Gruppen und Familien. Sie bieten viel Platz und Komfort sowie neue Bäder, Kamine und geschickt versteckte Küchenzeilen.
Das Frühstück wird im *frantoio*, der alten Olivenpresse, serviert, der auch einen Aufenthaltsraum mit dem einzigen verfügbaren TV-Gerät beherbergt. Ein rustikales Restaurant bietet exzellente lokale Spezialitäten wie selbst gemachte *pici* (Pasta) mit verschiedenen Saucen und hervorragende *bistecca alla fiorentina* (Steaks von Chianina-Rindern). Weitere Pluspunkte sind ein Swimmingpool und eine von Rosmarinsträuchern umsäumte Terrasse.

Umgebung: Siena (35 km); Arezzo (25 km) • **Lage:** 8 km westlich von Monte San Savino, abseits der SS 73 • **Mahlzeiten:** Frühstück, Mittag- und Abendessen **Preise:** €€ • **Zimmer:** 10 Doppelzimmer im Hauptgebäude, alle mit Bad oder Dusche; 25 Selbstversorger-Appartements; alle Zimmer mit Telefon, Fön, im Hauptgebäude mit Minibar • **Anlage:** 4 Aufenthaltsräume (2 für Veranstaltungen), Bar, Restaurant, Schwimmbad • **Kreditkarten:** AE, DC, EC, MC, V • **Tiere:** nicht erlaubt • **Behinderte:** nicht geeignet • **Geschlossen:** 3 Wochen im Nov. • **Sprachen:** Deutsch, Englisch, Französisch • **Besitzer:** Conte Roberto Guicciardini

AREZZO

BIBBIENA

Borgo Antico
Stadthotel

Via Bernardo Dovizi 18, Bibbiena,
52011 Arezzo

Tel (0575) 536445/46
Fax (0575) 536447
E-Mail keine
Mahlzeiten: Frühstück, Mittag-
und Abendessen
Preise: €€
Geschlossen: nie

Das Hotel ist eine nützliche Adresse in einem trotz schöner Landschaft nicht gerade mit empfehlenswerten Unterkünften gesegneten Teil der Toskana. Die geräumigen Zimmer sind komfortabel und modern eingerichtet. In den Gemeinschaftsräumen ist jedoch der Charakter des Palazzo weit mehr zu spüren, wenn auch die Dekoration nicht jedermanns Geschmack sein dürfte. Es gibt eine Bar und ein Restaurant, die »Locanda Web« mit Internetanschluss. In der Nähe bestehen Möglichkeiten zum Golfen, Schwimmen, Tennis spielen und Reiten. Außerdem lädt ein Nationalpark zum Erkunden ein.

Cortona

Corys
Ländliches Hotel

Torreone, 7 Cortona,
52040 Arezzo

Tel (0575) 605141
Fax (0575) 631443
E-Mail info@corys.it
Website www.corys.it
Mahlzeiten: Frühstück, Mittag-
und Abendessen
Preise: €€
Geschlossen: nie

Außerhalb von Cortona an einem Hügel gelegen, bietet dieses Hotel in einem makellosen, restaurierten Gebäude einen spektakulären Ausblick auf das durch seine Rinder berühmte Val di Chiana und den Lago Trasimeno. In dem ansprechenden, schön beleuchteten Speiseraum servieren die Besitzer schmackhaft zubereitete Menüs mit Pilzen, Trüffeln und Fisch. Dazu bieten sie eine große Auswahl an Weinen, speziell aus der Toskana, an. Das Essen kann auch auf der nur den Hotelgästen zugänglichen Terrasse eingenommen werden. Die Zimmer sind funktional eingerichtet und mit Kühlschrank, Satelliten-TV und Telefon ausgestattet.

FLORENZ

ARTIMINO

Paggeria Medicea
∿ Ländliches Hotel ∿

Viale Papa Giovanni XXIII, Artimino, 59015 Firenze
Tel (055) 8718081 **Fax** (055) 8751470
E-Mail artimino@tin.it **Website** www.artimino.com

Die Medici-Villa Artimino wurde zu einer Zeit erbaut, als die Familie im Zenit ihrer Macht stand; sie liegt oben im hügeligen Weinanbaugebiet von Carmignano, westlich von Florenz. Das Geld, das die Medici mit Bankgeschäften verdienten, und ihr Kunstsinn machten sie zu den größten Kunstmäzenen aller Zeiten. Die Villa selbst dient heute als Museum, aber die früheren Stallungen, die etwas bescheidener, aber durchaus eindrucksvoll sind, beherbergen heute ein ausgezeichnetes Hotel.

Bei den Medici hatten es auch die Stallburschen gut. Zu beiden Seiten des langen, niedrigen Gebäudes gibt es schön gegliederte Loggien, die sich zu den meisten Zimmern hin öffnen. Die Zimmer selbst sind geräumig und im Sommer kühl. Jedes Gästezimmer hat einen steinernen Kamin; deshalb stehen auf dem Dach – wie auch auf dem der Villa – die Schornsteine wie die Zinnsoldaten aufgereiht. Unten hat man die Ställe zu Frühstücks- und Aufenthaltsräumen umgebaut; hier gibt es Sofas, alte Teppiche und Drucke, interessante Bücher. Von den Rasenflächen der Gärten an der Hangseite bietet sich ein schöner Ausblick; selbst im Juli weht hier abends ein kühler Wind.

∿

Umgebung: Prato (15 km); Florenz (24 km) • **Lage:** 24 km nordwestlich von Florenz, Parkplatz • **Mahlzeiten:** Frühstück, Mittag- und Abendessen **Preise:** €€ **Zimmer:** 37; 36 Doppel- und Zweibettzimmer mit Bad oder Dusche; 1 Einzelzimmer mit Dusche, alle mit Telefon, TV, Radio, Minibar, Klimaanlage; 44 Appartements im Dorf Artimino mit eigenem Pool • **Anlage:** Frühstücksraum, Fernsehzimmer, Restaurant, Schwimmbad, 2 Tennisplätze, Mountainbikes • **Kreditkarten:** AE, DC, MC, V • **Tiere:** erlaubt • **Behinderte:** einige Zimmer im Erdgeschoss **Geschlossen:** 10 Tage um Weuhnachten • **Sprachen:** Englisch, Französisch **Geschäftsführer:** Alessandro Gualtieri

Florenz

Barberino Val d'Elsa

Il Paretaio
~ Ländliches Gästehaus ~

San Filippo, Barberino Val d'Elsa, 50021 Firenze
Tel (055) 8059218 **Fax** (055) 8059231
E-Mail ilparetaio@tin.it **Website** www.ilparetaio.it

Für Reiter ist dieses Haus eine tolle Adresse, und auch wer es gern etwas ländlich mag, ist hier gut aufgehoben. Il Paretaio, ein steinernes Bauernhaus aus dem 17. Jh. auf eigenem Gut, liegt günstig zwischen Florenz und Siena im Hügelland. Reiter jeden Ausbildungsgrades finden hier das Richtige, es gibt Pferde für jedes Alter.
Die Unterbringung ist einfach, aber hübsch. Eingangsbereich und Aufenthaltsraum waren ursprünglich eine Werkstatt und haben noch den alten Steinfußboden. Ein riesiger Ziegelbogen überspannt den Hauptraum, die Ziegelgewölbe kontrastieren wirkungsvoll mit weißen Wänden. Oben geht es mit Balkendecken und alten Terrakottaböden im rustikalen Stil weiter. Im Speiseraum dominieren ein riesiger Kamin und ein langer Holztisch, wo gemeinsame Mahlzeiten serviert werden. Die meisten Zimmer gehen von diesem Raum aus und sind mit ländlichen Möbeln und Reiterstichen ausgestattet. Das schönste Zimmer war einmal der Taubenschlag, ein Türmchen oben auf dem Haus mit kleinen Rundfenstern auf drei Seiten und Blick auf die Hügel ringsum. Draußen gibt es einen Reitplatz und ein Schwimmbad.

~

Umgebung: Florenz (33 km); San Gimignano (21 km); Siena (34 km) • **Lage:** 3 km südlich von Barberino Val d'Elsa • **Mahlzeiten:** Frühstück, Abendessen • **Preise:** €
Zimmer: 6 Doppelzimmer; 2 Appartements (4–5 Personen); Ermäßigung für Kinder
Anlage: Garten, Schwimmbad, Reiten (alle Schwierigkeitsgrade), Mountainbikes
Kreditkarten: keine • **Tiere:** erlaubt • **Behinderte:** keine besonderen Einrichtungen
Geschlossen: nie • **Sprachen:** Englisch, Französisch • **Besitzer:** Giovanni und Cristina de Marchi

FLORENZ

BARBERINO VAL D'ELSA

La Chiara di Prumiano
◇ Ländliches Gästehaus ◇

Strada di Cortine 12, 50021 Barberino Val d'Elsa, Firenze
Tel (055) 8075583 **Fax** (055) 8075678
E-Mail prumiano@tin.it

Die vier Familien, die den ehemaligen herrschaftlichen Landsitz der Corsini vor vielen Jahren kauften, hatten sich eine gewaltige Aufgabe vorgenommen. Zum Grundstück gehörten 40 Hektar Land und eine großartige, allerdings zunehmend verfallende Villa in der Mitte eines Weilers mit eigener winziger Kapelle. Unter der Regie von zwei der ursprünglichen Besitzer wirft La Chiara inzwischen Gewinn ab, die Atmosphäre ist dabei entspannt und alternativ.

Die rankenbewachsene Villa bietet spärlich eingerichtete, aber geräumige Schlafzimmer, einen Aufenthaltsraum von fürstlichen Dimensionen, zwei Speisezimmer und viel Platz für Seminare und Workshops. Weitere Schlafzimmer sind in den einfachen, geschmackvoll umgewandelten Gebäuden in der Nähe untergebracht. Das ganze Jahr über finden hier Kurse statt, weshalb sich der Gast beim Essen an einem der langen Gemeinschaftstische zusammen mit einer Gruppe von Yoga-Schülern finden kann. Die schmackhaften Speisen werden überwiegend (nicht ausschließlich) vegetarisch, unter Verwendung von selbst angebauten Früchten, Gemüse, Olivenöl und Wein, hergestellt.

◇

Umgebung: Siena (40 km); San Gimignano (25 km); Florenz (35 km) • **Lage:** 4 km südöstlich von Barberino; Autobahnausfahrt San Donato • **Mahlzeiten:** Frühstück; Mittag- und Abendessen auf Anfrage • **Preise:** € • **Zimmer:** 15 Doppelzimmer und 2 Appartements; 11 mit Bad oder Dusche • **Anlage:** Sitzungsräume, Garten, Swimmingpool, Reiten • **Kreditkarten:** EC, MC, V • **Behinderte:** schwieriger Zugang **Tiere:** erlaubt, bei der Buchung unbedingt erwähnen! • **Geschlossen:** Weihnachten bis Mitte Jan. • **Sprachen:** Englisch, Französisch, Spanisch • **Besitzer:** Gaia Mezzadri und Antonio Pescetti

FLORENZ

FERIOLO

Casa Palmira
≈ Gästehaus auf dem Land ≈

Via Faentina, Feriolo, 50030 Borgo San Lorenzo, Firenze
Tel und **Fax** (055) 8409749
E-Mail info@casapalmira.it **Website** www.casapalmira.it

Hinter Florenz zieht sich die alte Straße nach Faenza durch Olivenhaine und Zypressen, bevor sie das schöne und relativ unbekannte Mugellogebiet erreicht und weiter zum Appenin führt. Die Casa Palmira liegt genau an dieser Straße in einer grünen Oase. Die umgebaute Scheune schließt an ein altes steinernes Bauernhaus mittelalterlichen Ursprungs an.

Die herzlichen und reizenden Gastgeber Stefano und Assunta haben die Scheune sehr erfolgreich in ein angenehmes und komfortables Gästehaus umgewandelt. Das Wohnzimmer im Erdgeschoss ist geräumig und lädt mit einem großen Kamin, weichen Sofas und Sesseln zum Verweilen ein. Neben der offenen Küche, in der das Frühstück bereitet wird, gibt es ein kleines Speisezimmer. Im ersten Stock gehen die Zimmer von einem wunderschönen, sonnendurchfluteten Treppenabsatz ab. Während die Gemeinschaftsräume mit Terrakottafliesen ausgelegt sind, verfügen die anderen Zimmer alle über Kastanienholzböden, die Stefano neben den Türen und einigen der Möbel selbst gemacht hat. Die cremefarbenen Wände mit ihrer rauchig-grünen Bemalung harmonieren ausgezeichnet mit den hübschen ländlichen Stoffbezügen und den Patchworkdecken. Die Gäste können sich Mountainbikes oder einen Smart ausleihen oder einfach in der Umgebung spazieren gehen. Im Garten gibt es einen heißen Pool, und man plant den Bau eines türkischen Bades.

≈

Umgebung: Florenz (16 km); Fiesole (9 km) • **Lage:** zwischen Florenz und Borgo San Lorenzo an der SS302, an der Via Faentina; von Florenz aus gleich hinter Olmo rechts nach Feriolo abbiegen; Parkplatz • **Mahlzeiten:** Frühstück; auf Wunsch Abendessen • **Preise:** € • **Zimmer:** 6; 4 Doppel- und Zweibettzimmer, 1 Einzelzimmer, 1 Dreibettzimmer, 1 mit Bad, 6 mit Dusche; alle Zimmer auf Wunsch mit Fön • **Anlage:** Aufenthaltsraum, Frühstücks-/Speiseraum, Terrassen, Garten mit Grill • **Kreditkarten:** keine • **Behinderte:** Zugang schwierig • **Tiere:** nicht erlaubt **Geschlossen:** Januar bis März • **Besitzer:** Assunta Fiorini und Stefano Mattioli

FLORENZ

FIESOLE

Le Canelle

~ Gästehaus in der Stadt ~

Via Gramsci 52/54/56, 50014 Fiesole, Firenze
Tel (055) 5978336 **Fax** (055) 5978292
E-Mail info@lecannelle.com **Website** www.lecannelle.com

Der Vater der Besitzerinnen Sara und Simona Corsi ist Bauunternehmer und war somit der geeignete Mann, diese beiden alten Stadthäuser an der Hauptstraße von Fiesole, ein kleines Stück nördlich der zentralen Piazza, zu renovieren. Das Management der Bed & Breakfast-Pension übergab er seinen Töchtern, die sich dieser Aufgabe seit der Eröffnung 1999 voller Enthusiasmus widmen.

In den kühlen Hügeln um Fiesole liegen viele eindrucksvolle Villen, entsprechend teuer fallen die meisten Hotels in dieser Gegend aus. Il Trebbiolo, eine unserer Empfehlungen etwas außerhalb von Fiesole, wurde geschlossen; um so mehr freuen wir uns, in Le Canelle eine kostengünstige, charmante Alternative vorstellen zu können. Die Ausstattung ist einfach, aber bequem. Die Schlafzimmer sind geräumig, eines besitzt sogar ein Zwischengeschoss mit zwei Einzelbetten im oberen Teil.

Von zwei Zimmern genießt man den Blick in die nördlichen Hügel, die Räume hin zur etwas geräuschvollen Straße haben Schallschutzfenster. Die blau-weißen Badezimmer sind makellos.

~

Umgebung: römisches Amphitheater; Florenz (8 km) • **Lage:** an der Hauptstraße nördlich des zentralen Platzes; Parkplatz • **Mahlzeiten:** Frühstück • **Preise:** €€ **Zimmer:** 5; 1 Einzelzimmer, 2 Doppelzimmer, 1 Dreibettzimmer, 1 Familienzimmer; alle mit Bad oder Dusche, Telefon, TV, Klimaanlage • **Anlage:** Frühstückszimmer **Kreditkarten:** AE, DC, MC, V • **Behinderte:** nicht geeignet • **Geschlossen:** Januar bis Februar • **Sprachen:** Englisch, Französisch **Besitzerinnen:** Sara und Simona Corsi

FLORENZ

Villa San Michele

~ Umgebautes Kloster ~

Via di Doccia 4, Fiesole, 50014 Firenze
Tel (055) 59451 **Fax** (055) 598734 **E-Mail** reservations@villasanmichele.net
Website www.orient/expresshotels.com

Dieses bekannte Hotel ist so teuer, dass sogar die billigsten und wirklich kleinen Einzelzimmer über der Preisskala €€€ liegen; eine der besseren Suiten kostet inzwischen beinahe 1500 Euro; für diesen Preis kann man im besten Restaurant der Stadt mit mindestens zehn Personen essen. Man erwartet dann natürlich auch Luxus in Perfektion. Darüber, ob man ihn hier tatsächlich bekommt, lässt sich streiten. Für viele, die hier absteigen, geht es aber gar nicht um das Preis-Leistungs-Verhältnis, ihnen genügt schon der Reiz, so viel bezahlt zu haben. Wir haben erfahren, dass manche Gäste vom kühlen Service und angeblichen Missverständnissen bei der Zimmerreservierung enttäuscht waren. Deshalb haben wir gezögert, einen so ausführlichen Eintrag zu bringen; doch immerhin gehört das Haus wegen seiner Lage auf dem Hügel von Fiesole und wegen der großartigen Gebäude zu den schönsten Hotels überhaupt.
Die Fassade mit Portikus und Loggia geht auf einen Michelangelo zugeschriebenen Entwurf zurück. Wer hier eintritt, hat das Gefühl, ein Zimmer in einer ehemaligen Kirche zu nehmen. Im eleganten Restaurant serviert man die Mahlzeiten auf einer reizenden überdachten Terrasse.

~

Umgebung: Fiesole (1 km); Florenz (6 km); römisches Theater, Kathedrale, Kloster San Francesco • **Lage:** gleich unterhalb von Fiesole an der Straße Florenz–Fiesole, Parkplatz • **Mahlzeiten:** Frühstück, Mittag- und Abendessen • **Preise:** €€€€€ **Zimmer:** 40; 25 Doppel- und Zweibettzimmer, 15 Suiten, alle mit Bad und Dusche, Telefon, TV, Klimaanlage • **Anlage:** Aufenthaltsräume, Bar, Restaurant, Terrasse, Schwimmbad, eigener Shuttlebus • **Kreditkarten:** AE, DC, MC, V • **Tiere:** nur kleine Hunde (nicht im Restaurant und am Pool) • **Behinderte:** 1 geeignetes Zimmer **Geschlossen:** Ende Nov. bis Mitte März • **Geschäftsführer:** Maurizio Saccani

Florenz

Florenz

Annalena

~ Gästehaus in der Stadt ~

Via Romana 34, 50125 Firenze
Tel (055) 222402 **Fax** (055) 222403
E-Mail annalena@hotelannalena.it **Website** www.annalena.it

Als eine der traditionellen, in Florenz inzwischen selten gewordenen *pensioni* ist das Annalena trotz Besitzerwechsel im alten Stil erhalten geblieben und liegt gegenüber dem rückwärtigen Eingang des schönen Boboli-Gartens. Zum Glück geht kein einziges Fenster zur geschäftigen Via Romana hinaus.

Der Palazzo aus dem 14. Jh. hatte schon viele interessante Bewohner – von der tragischen Annalena, einer jungen Adligen, bis hin zu den ausländischen Flüchtlingen, die sich im 2. Weltkrieg dort vor Mussolinis Polizei verbargen. Heute ist das Annalena zwar kein Luxushotel, bietet jedoch soliden Komfort mit etwas Eleganz zu vernünftigen Preisen. Der riesige Gesellschaftsraum, der als Rezeption, Bar, Aufenthalts- und Frühstücksraum dient, wirkt etwas düster, aber die Zimmer sind herrlich: geräumig und sehr hell durch die großen Fenster mit Blick auf den Boboli-Garten und die malerischen Rückseiten der umliegenden Häuser. Chice neue Stoffe und frische Farbe an den Wänden haben bei den leicht schäbig gewordenen Zimmern wahre Wunder bewirkt.

Gäste, die ein Zimmer mit Terrasse ergattern können, sollten ihr Frühstück dort einnehmen – das ist weitaus angenehmer als an einem Tisch im stickigen »Salon«.

~

Umgebung: Palazzo Pitti; Ponte Vecchio; Palazzo Vecchio; Santo Spirito • **Lage:** südlich des Arno; 3 Minuten zu Fuß vom Palazzo Pitti; öffentlicher Parkplatz in der Nähe • **Mahlzeiten:** Frühstück • **Preise:** €€ • **Zimmer:** 20; 16 Doppel- und Zweibettzimmer, 4 Einzelzimmer, alle mit Bad oder Dusche; alle Zimmer mit Telefon, TV, Klimaanlage, Minibar, Safe und Fön • **Anlage:** Aufenthaltsraum, Bar, Frühstückszimmer • **Kreditkarten:** AE, DC, MC, V • **Tiere:** erlaubt • **Behinderte:** keine besonderen Einrichtungen • **Geschlossen:** nie • **Besitzer:** Icilio Magazzini

FLORENZ

FLORENZ

Antica Dimora

~ Gästehaus in der Stadt ~

Via San Gallo 72, 50129 Firenze
Tel (055) 4627296 **Fax** (055) 4635450
E-Mail info@anticadimorafirenze.it **Website** www.anticadimorafirenze.it

Die kleine Kette von eleganten, aber preiswerten Gästehäusern, die Lea Gulmanelli und Johanan Vitta seit 1994 mit großem Erfolg in Florenz aufgebaut haben, ist mittlerweile sehr bekannt. Das Antica Dimora ist das neueste und beliebteste davon; es liegt nördlich des Duomo. Der Eingang zu den im 2. Stock gelegenen eleganten Räumen führt durch einen anonymen Flur und eine recht karge Eingangshalle, aber dann erwartet den Gast eine warme, freundliche Atmosphäre. Im hell erleuchteten Aufenthalts- und Frühstücksraum steht ein Tisch, an dem sich die Gäste mit Kaffee, Tee oder Vin Santo selbst bedienen können – bei klassischer Musik im Hintergrund. Die sechs sorgfältig möblierten Zimmer sind in Pastelltönen gehalten; die Badezimmer passen farblich dazu. Die Betten haben schmal gestreifte Kopfteile und die Himmelbetten (es gibt einige davon) sind mit Leinen- oder Seidenstoffen dekoriert, die zu den Vorhängen passen. Helle Orientteppiche und Pflanzendrucke an den Wänden komplettieren die Einrichtung. Die auf der Rückseite gelegenen Zimmer sind ruhiger: eines davon hat eine eigene, blumengeschmückte Terrasse. Falls im Antica Dimora kein Zimmer frei sein sollte, bietet sich die etwas günstigere, aber ebenso reizvolle Residenza Johlea an, die vom selben Management geführt wird und sich auch in der Via San Gallo befindet.

~

Umgebung: Duomo; Museo di San Marco; Mercato di San Lorenzo und Mercato Centrale • **Lage:** Straße nördlich des Duomo; gebührenpflichtiger Parkplatz in der Nähe • **Mahlzeiten:** Frühstück • **Preise:** €€ • **Zimmer:** 6 Doppel- oder Zweibettzimmer, alle mit Bad oder Dusche; alle Zimmer mit Telefon, DVD, TV, Safe, Klimaanlage, Fön, Minibar • **Anlage:** Frühstücks-/Aufenthaltsraum, Lift • **Kreditkarten:** keine • **Behinderte:** keine speziellen Einrichtungen • **Tiere:** kleine, auf Nachfrage **Geschlossen:** nie • **Besitzer:** Lea Gulmanelli und Johanan Vitta

FLORENZ

FLORENZ

Classic
∼ Stadthotel ∼

Viale Machiavelli 25, 50125 Firenze
Tel (055) 229351 **Fax** (055) 229353
E-Mail ferme.du.vert@wanadoo.fr **Website** www.fermeduvert.com

Die blassrosa getünchte Villa liegt nur fünf Minuten von der Porta Romana, dem alten Südtor der Stadt, entfernt. Inmitten ihres üppigen Gartens befindet sie sich in direkter Nachbarschaft zu einigen der eindrucksvollsten Herrenhäuser von Florenz. Das bis 1991 privat bewohnte Gebäude wurde vor dem Verfall bewahrt und in ein freundliches und bequemes Hotel umgewandelt, das sich durch günstige Preise auszeichnet.

Die Schlafzimmer sind geräumig und mit Parkettboden, Originalverputz und antiken Möbeln ausgestattet. Zwei davon beherbergen Fresken, eines einen beeindruckenden Kamin. Die hohen Räume im ersten Stock ermöglichen eine maisonetteartige Aufteilung mit zusätzlichem Platz für Betten oder Sitzgelegenheiten auf der oberen Ebene, während die Räume im obersten Stock Mansardenzimmer mit abgeschrägten Balkendecken und Klimaanlage sind. Im Garten versteckt liegt in einem Nebenbau eine romantische Suite mit eigener kleiner Küchennische, die für den Preis eines Doppelzimmers zusätzliche Ungestörtheit garantiert. Bei guter Witterung wird das Frühstück im Freien serviert; der Wintergarten ermöglicht jedoch einen warmen Start in den Tag zu jeder Jahreszeit.
∼

Umgebung: Palazzo Pitti; Piazzale Michelangelo; Museo La Specola • **Lage:** in einer Wohngegend 5 Minuten zu Fuß von der Porta Romana; Parkplatz **Mahlzeiten:** Frühstück • **Preise:** €€ • **Zimmer:** 20; 2 Einzel-, 17 Doppelzimmer/ Zweibettzimmer, 1 Suite; alle mit Bad oder Dusche, Telefon, TV, Klimaanlage, Fön, Safe • **Anlage:** Frühstückszimmer, Garten, Wintergarten • **Kreditkarten:** AE, DC, MC, V • **Behinderte:** Schlafzimmer im Erdgeschoss • **Tiere:** erlaubt **Geschlossen:** 2 Wochen im Aug. • **Sprachen:** Deutsch, Englisch, Französisch **Besitzerin:** Corinne Kraft

Florenz

Florenz

Gallery Hotel Art
~ Stadthotel ~

Vicolo del' Oro 5, 50120 Firenze
Tel (055) 27263 **Fax** (055) 268557
E-Mail gallery@lungarnohotels.com **Website** www.lungarnohotels.it

Bei diesem Hotel haben wir unsere übliche Obergrenze was die Zahl der Zimmer angeht gerne etwas erweitert; erstens, weil es einzigartig ist, und zweitens, weil es viel kleiner und intimer wirkt.

Ein paar Schritte vom Ponte Vecchio an einer ruhigen Piazzetta gelegen, ist das Gallery ein Tempel zeitgenössischen Designs, eine Verbindung von Osten und Westen mit vielen Sammelstücken zum Anschauen und Berühren. Der vorherrschende Stil ist Minimalismus, ohne jedoch kalt zu wirken. Grau, Creme, Graubraun und Weiß sind die beherrschenden Farbtöne, während dunkles afrikanisches Holz für Wärme und Kontraste sorgt. An den Wänden hängen zeitgenössische Kunstwerke, die Aufenthaltsräume beeindrucken durch ihre Großzügigkeit.

In der schicken Bar mit ihren weichen Sofas kann man auch fernsehen, im Lesezimmer ist ein großer Schrank voller interessanter Bücher, in denen man nach Belieben schmökern kann. Dicke Decken über den Sofas laden den Gast ein, mit einem Buch etwas zu verweilen. Die Schlafzimmer variieren in der Größe, entsprechen aber dem gleichen geradlinigen Stil. Die Badezimmer mit Armaturen aus Chrom sind großzügig.

~

Umgebung: Ponte Vecchio; Palazzo Pitti; Uffizien • **Lage:** im Stadtzentrum unweit des Ponte Vecchio mit Hotelparkplatz in der Nähe • **Mahlzeiten:** Frühstück, Mittag-, Abendessen • **Preise:** €€€€ • **Zimmer:** 74; 65 Zimmer, 9 Suiten und Juniorsuiten; alle mit Bad oder Dusche, Telefon, TV, Klimaanlage, Fön, Safe
Anlage: Lesezimmer, Bar, Frühstückszimmer, Terrasse • **Kreditkarten:** AE, DC, MC, V • **Behinderte:** 2 geeignete Zimmer • **Tiere:** kleine Hunde erlaubt
Geschlossen: nie **Sprachen:** Deutsch, Englisch, Französisch, Japanisch
Geschäftsführer: Alessio Ianna

Florenz

Florenz

Helvetia & Bristol

~ Stadthotel ~

Via dei Pescioni 2, 50123 Firenze
Tel (055) 26651 **Fax** (055) 288353 **E-Mail** information@hbf@royaldemeure.com
Website www.hotelhelvetiabristolfirenze.it

Das im Zentrum der Stadt gelegene Helvetia war ursprünglich in Schweizer Besitz, nahm aber den Namen Bristol an, um im 19. Jh. britische Touristen anzulocken. Illustre Gäste waren Igor Strawinsky, Bertrand Russell und Gabriele d'Annunzio. Nach dem 2. Weltkrieg verfiel das Hotel, bis es seit 1987 unter neuer Leitung renoviert wurde. Man scheute keine Kosten, um das Luxushotel des 19. Jhs. wiedererstehen zu lassen.

Wer auf die eindrucksvolle Schlichtheit toskanischer Bauten eingestellt ist, findet das Ergebnis sicher schwülstig und unerträglich; andere mögen sich für üppige Farben und schwere, düstere Antiquitäten begeistern. Das Restaurant ist elegant mit seinen erstaunlichen Jugendstil-Lampen in Form von Muscheln und Felsen. Weniger überladen wirkt der Wintergarten – wo das Frühstück serviert wird – mit hübschen Korbmöbeln, Palmen und mit einer grünen Glasdecke, die alles in sanftes Licht taucht. Die Zimmer sind womöglich noch reicher ausgestattet als die übrigen Räume. Venezianische Spiegel und Kronleuchter verstärken den Eindruck des Luxuriösen. Bemerkenswert ist eine große Sammlung von Graphiken und Bildern seit dem 17. Jh. Personal und Service sind liebenswert und perfekt. In einem Nebengebäude sind 18 Doppelzimmer und drei Suiten untergebracht.

~

Umgebung: Ponte Vecchio; Uffizien; Palazzo Pitti • **Lage:** im Stadtzentrum, gegenüber dem Palazzo Strozzi; Parkplatz in der Nähe • **Mahlzeiten:** Frühstück, Mittag- und Abendessen **Preise:** €€€€€ • **Zimmer:** 67 Doppel-, Zweibett-, Einzelzimmer und Suiten, alle mit Bad oder Dusche, Telefon, TV, Minibar, Klimaanlage **Anlage:** Aufenthaltsräume, Restaurant, Bar, Wintergarten • **Kreditkarten:** AE, DC, MC, V • **Tiere:** nicht erlaubt • **Behinderte:** einige spezielle Einrichtungen • **Geschlossen:** nie • **Sprachen:** Deutsch, Englisch, Französisch, Spanisch • **Geschäftsführer:** Petro Panelli

FLORENZ

FLORENZ

Hermitage
~ Gästehaus in der Stadt ~

Vicolo Marzio 1, Piazza del Pesce, 50122 Firenze
Tel (055) 287216 **Fax** (055) 212208
E-Mail florence@hermitagehotel.com **Website** www.hermitagehotel.com

Trotz zentraler Lage am Ponte Vecchio auf der Nordseite des Arno würde man kaum auf dieses Hotel stoßen. Durch den versteckten Eingang in einer kleinen Gasse gegenüber von Vasaris Stucksäulen kommt man zum Aufzug, der einen fünf Stockwerke hinauf zur Rezeption bringt; hier erwartet freundliches Personal den Gast.

Das Hermitage ist wie ein Cappuccino: ganz oben das Beste, weiter unten wird es dann nüchterner. Die Dachterrasse mit Terrakotta-Blumenkübeln und einer schattenspendenden Pergola bietet herrliche Ausblicke auf die Stadt. Vom Frühstückstisch aus kann man sich fast ohne Stadtplan die Ausflüge des Tages überlegen, indem man einen markanten Punkt nach dem andern überfliegt. Der Aufenthaltsraum mit Bar bietet Ausblicke auf den Ponte Vecchio und den Stadtteil Oltrano.

Das Hermitage war ursprünglich eine typische altmodische *pensione* (in Florenz inzwischen eine Seltenheit). Nach einer umfassenden Renovierung präsentiert es sich nun geschmackvoller, besser geführt und somit auch teurer als der Durchschnitt. So haben die Zimmer Jacuzzis oder Duschen. Seit dem Bombenanschlag von 1993 ist der Bereich um die Uffizien autofrei, somit ist der Verkehrslärm kein Problem mehr. Die Doppelfenster zur verkehrsreicheren Flussseite hin sind durchaus gerechtfertigt, wenn auch nicht immer ausreichend.

~

Umgebung: Ponte Vecchio; Uffizien; Palazzo Pitti; Duomo • **Lage:** rechts neben dem Ponte Vecchio; gebührenpflichtiger Parkplatz in der Nähe • **Mahlzeiten:** Frühstück, Snacks • **Preise:** €€€ • **Zimmer:** 28 Doppel- und Zweibettzimmer, 24 mit Bad, 4 mit Dusche, alle mit Klimaanlage, Telefon, Fön, Safe, Satelliten-TV **Anlage:** Aufenthaltsraum, Bar, Frühstücksraum, Dachgarten • **Kreditkarten:** V, MC **Tiere:** kleine Hunde erlaubt • **Behinderte:** Zugang schwierig • **Geschlossen:** nie **Sprachen:** Deutsch, Englisch, Portugiesisch • **Besitzer:** Vincenzo Scarcelli

FLORENZ

FLORENZ

J and J
~ Stadthotel ~

Via di Mezzo 20, 50121 Firenze
Tel (055) 2345005 **Fax** (055) 240282
E-Mail jandj@dada.it **Website** www.hoteljandj.com

Dieses höchst individuelle Hotel in einem früheren Kloster (16. Jh.) liegt abseits der ausgetretenen Touristenpfade; man muss es in einem Wohnviertel des alten Stadtzentrums erst einmal finden. Dennoch liegt es günstig zu den Museen und bietet zudem am Abend Stille und Frieden.

Das Gebäude, eigentlich sind es zwei, wird durch einen Kreuzgang mit Terrakottapflaster gegliedert, wo in den Sommermonaten das Frühstück serviert wird. Davor liegt ein reizender heller Raum für Regentage mit bemalten Korbmöbeln und schönem Deckengewölbe; er ist vom Kreuzgang nur durch die verglasten Bogen getrennt. Im Aufenthaltsraum daneben gibt es viele originale Elemente, aber auch helle, moderne Möbel und weiches Licht.

Einige der Zimmer sind riesengroß, wahrscheinlich waren sie früher Studiowohnungen für ganze Familien. Die Einrichtung mit Antiquitäten und handgewebten Stoffen sowie Ansichten vom florentinischen Dächergewirr variiert von Zimmer zu Zimmer. In dem alten Gemäuer wäre ein Lift unmöglich; machen Sie sich deshalb auf enge Treppen gefasst.

~

Umgebung: Santa Croce; San Marco; Santissima Annunziata; Galleria dell'Accademia • **Lage:** östlich vom Dom, ein paar Minuten zu Fuß • **Mahlzeiten:** Frühstück • **Preise:** €€€€ • **Zimmer:** 20; 18 Doppel-, 2 Familienzimmer, alle mit Bad oder Dusche, Telefon, TV, Minibar, Klimaanlage • **Anlage:** Aufenthaltsraum, Frühstücksraum, Innenhof • **Kreditkarten:** AE, DC, MC, V • **Tiere:** nicht erlaubt **Behinderte:** keine besonderen Einrichtungen • **Geschlossen:** nie • **Sprachen:** Deutsch, Englisch, Französisch • **Besitzer:** James Cavagnari

FLORENZ

FLORENZ

J. K. Place
～ Stadthotel ～

Piazza Santa Maria Novella 7, 50123 Firenze
Tel (055) 2645181 **Fax** (055) 2658387
E-Mail jkplace@jkplace.com **Website** www.jkplace.com

Das im Mai 2003 in einem großen eleganten Stadthaus an der Piazza Santa Maria Novella eröffnete J. K. Place ist das bezauberndste neue Hotel der Stadt. Zur Rechten erhebt sich Albertis berühmte inkrustierte Marmorfassade. Den zweifelhaften Zustand des Platzes selbst sollte man großzügig übersehen. Jenseits des diskreten Hoteleingangs öffnet sich ein cremefarben und grau gehaltener Raum, in den leise Musik rieselt; Blumen duften, Kerzen flackern, und das aufmerksame Personal begrüßt den Gast. Obwohl das Hotel nicht gerade billig und bei modebewussten Leuten sehr beliebt ist, wirkt es dennoch sehr einladend und keineswegs elitär.
Die Einrichtung verbindet auf verführerische Weise klassische mit zeitgenössischen Elementen. In den Zimmer findet man bequeme Möbel und interessante Kunstobjekte, sie folgen darin der gestalterischen Linie des ganzen Hauses. Manche der Zimmer sind sehr klein, die Badezimmer allerdings sind durchweg herrlich. Im Salon brennt eine offener Kamin, auf den Sesseln und Sofas sind Kaschmirdecken drapiert. Das Frühstück wird an einem alten großen, auf Hochglanz polierten Tisch im überdachten Innenhof serviert, man bringt es Ihnen aber auch gerne aufs Zimmer. Von der Dachterrasse überblickt man die gesamte Stadt.

～

Umgebung: Santa Maria Novella; Ponte Vecchio; Uffizien; Palazzo Vecchio **Lage:** im Stadtzentrum, mit Aufzug; private Garage in der Nähe • **Mahlzeiten:** Frühstück, Imbiss • **Preise:** €€€€€ • **Zimmer:** 20; 13 Doppel- bzw. Zweibettzimmer, 7 Suiten, alle Zimmer mit Bad oder Dusche; alle Zimmer mit Telefon, TV, DVD, CD, Klimaanlage, Minibar, Safe, Fön • **Anlage:** Salons, Frühstücksraum, Bar, Dachterrasse • **Kreditkarten:** AE, DC, MC, V • **Behinderte:** speziell ausgestattete Räume • **Tiere:** kleine Tiere gestattet • **Geschlossen:** nie • **Geschäftsführer:** Omri Kafri

Florenz

Florenz

Loggiato dei Serviti
~ Stadthotel ~

Piazza SS. Annunziata 3, 50122 Firenze
Tel (055) 289 592 **Fax** (055) 289595
E-Mail info@loggiatodeiservitihotel.it **Website** www.loggiatodeiservitihotel.it

In erstklassiger Lage an der Piazza SS Annunziata befindet sich das
Loggiato dei Serviti gegenüber von Brunelleschis Loggia des Ospedale degli Innocenti mit Terrakottamedaillons von della Robbia. Allerdings ist dieser schönste Platz in Florenz auch ein beliebter An-
ziehungspunkt für Obdachlose, die (sogar im Dezember) dort
nächtigen. Ihr Lärm in Kombination mit den Kirchenglocken könnten durchaus störend sein.
Die Innenausstattung ist kühl und verhalten; die Zimmer sind individuell gestaltet, möbliert mit Antiquitäten und ausgewählten modernen Stücken, an den Wänden hängen große Drucke mit Archi-
tekturdarstellungen aus dem 19. Jh. Die Badezimmer sind groß und
sauber, eines davon hat allerdings Stufen zum Bad und könnte für
ältere Gäste ein Problem darstellen. Einige Zimmer bieten herrliche
Aussichten auf die Piazza, andere zum Garten hin. Begrüßung und
Service sind sehr persönlich, die Atmosphäre angenehm ruhig. Das
Frühstück ist gut, wenn auch nicht jeder Gast mit dem Kaffee zufrieden sein mag. Lediglich fünf Minuten zu Fuß vom Duomo entfernt, bietet dieses Hotel ein unschlagbares Preis-Leistungsverhältnis.

~

Umgebung: Kirchen Santissima Annunziata und San Marco; Accademia; Ospedale
degli Innocenti • **Lage:** fünf Minuten zu Fuß nördlich des Duomo, auf der West-
seite der Piazza SS Annunziata; Garage auf Nachfrage • **Mahlzeiten:** Frühstück
Preise: €€€ • **Zimmer:** 48; 38 Doppel- oder Zweibettzimmer, 6 Einzelzimmer,
4 Suiten, alle mit Bad oder Dusche; alle Zimmer mit Telefon, TV, Radio, Safe,
Klimaanlage, Minibar und Fön • **Anlage:** Frühstücksraum, Bar • **Kreditkarten:** AE,
DC, MC, V • **Tiere:** erlaubt • **Behinderte:** nicht geeignet • **Geschlossen:** nie
Sprachen: Englisch, Französisch • **Besitzer:** Rodolfo Buttini-Gattai

FLORENZ

FLORENZ

Morandi alla Crocetta

~ Gästehaus in der Stadt ~

Via Laura 50, 50121 Firenze
Tel (055) 2344747 **Fax** (055) 2480954
E-Mail hmorandi@dada.it **Website** www.hotelmorandi.it

Die familiär geführte *pensione* nimmt einen Teil eines Renaissance-Palazzo ein, der früher ein Kloster beherbergte. Sie liegt im ruhigen Universitätsviertel der Stadt an der Straße zur Piazza Santissima Annunziata. Der Eingang ist wie jeder andere hier, es gibt keine Leuchtschrift, man muss einfach nur klingeln.

Ein ruhiges, geschmackvolles Interieur umfängt den Besucher, der die Wohnung im zweiten Stock betritt. Blanke Holzböden mit geschickt verteilten Orientteppichen, Balkendecken mit dekorativen Kragsteinen; interessante Architekturelemente sind durch Ziegel betont. Im kleinen, gemütlichen Frühstücksraum wird für einen guten Start in den Tag gesorgt. Alles ist perfekt gepflegt. Die ruhigen, bequemen Zimmer sind mit Antiquitäten und einigen modernen Stücken ausgestattet. Zwei haben Terrassen zum kleinen Garten hin, in einem sind Reste eines Freskos aus dem 17. Jh. mit Szenen aus dem Leben und Werk von Schwester Domenica del Paradiso, der Gründerin des alten Klosters, erhalten. Die Bäder sind klein, aber bestens ausgestattet. Insgesamt ideal für Leute, die nach den vielen Sehenswürdigkeiten von Florenz Ruhe nötig haben.

~

Umgebung: Santissima Annunziata; San Marco; Accademia; Duomo • **Lage**: in einer ruhigen Straße, ein paar Minuten zu Fuß vom Dom; Parkplatz in der Nähe **Mahlzeiten:** Frühstück • **Preise**: €€-€€€ • **Zimmer**: 10; 2 Einzelzimmer, 4 Doppelzimmer, 4 Familienzimmer, alle mit Bad oder Dusche, Telefon, TV, Minibar, Safe, Klimaanlage, Fön • **Anlage**: Aufenthaltsraum, Frühstücksraum, Bar • **Kreditkarten:** AE, DC, MC, V • **Tiere:** gut erzogene Hunde erlaubt • **Behinderte:** keine besonderen Einrichtungen • **Geschlossen:** nie • **Sprachen:** Deutsch, Englisch, Französisch **Besitzer:** Kathleen Doyle Antuono und Familie

FLORENZ

FLORENZ

Relais Marignolle
~ Ländliche Villa ~

Via di San Quirichino a Marignolle 16, 50124 Firenze
Tel (055) 2286910 **Fax** (055) 2047396
Website www.marignolle.it

In den Hügeln unmittelbar um Florenz befinden sich viele wunderschöne Anwesen, die ihrerseits von einer Landschaft umgeben sind, die es einem beinahe unmöglich macht zu glauben, dass man nur wenige Kilometer vom chaotischen Zentrum der Stadt entfernt ist. Die Familie Bulleri lebt bereits seit einigen Jahren in einem restaurierten Bauernhaus an einem Hügel südlich von Marignolle; erst im Sommer des Jahres 2000 jedoch machten sie die umgebauten Gebäude auch Gästen zugänglich.

Als wir das Relais Marignolle besuchten, strömte die Sonne durch die großen Fenster des Aufenthalts- und Frühstücksraums herein, in dem man von bequemen Sesseln, einem offenen Kamin und einer kleinen Bar zum Verweilen eingeladen wird. Die Zimmer sind alle unterschiedlich groß und geschmackvoll eingerichtet: elegante ländliche Stoffe, gepolsterte Kopfenden der Betten, weiß getünchte Wände und dunkle Parkettböden. Die Badezimmer sind mit großen Duschkabinen und doppelten Waschbecken ausgestattet. Ein Wasserkocher (ganz unüblich für Italien) und eine Auswahl an Antinori-Weinen stehen den Gästen zur Befriedigung des leiblichen Wohls zur Verfügung. Die Bulleris sind begeisterte Gastgeber; auf Wunsch organisieren sie Weinverkostungen, Golfspiele, Einkaufsbummel oder sogar Kochunterricht in Signora Bulleris eigener Küche.

~

Umgebung: La Certosa; Stadtzentrum von Florenz (3 km) • **Lage:** auf einem Hügel, 3 km südlich der Porta Romana; mit großem Parkplatz • **Mahlzeiten:** Frühstück, auf Wunsch leichtes Mittagessen • **Preise:** €€–€€€ • **Zimmer:** 9 Doppel- und Zweibettzimmer, alle mit Dusche; alle Zimmer mit Telefon, Modemanschluß, TV, Klimaanlage, Minibar, Safe, Fön • **Anlage:** Aufenthalts-/Frühstücksraum, Gärten, Terrasse, Swimmingpool • **Kreditkarten:** AE, DC, MC, V • **Behinderte:** keine speziellen Einrichtungen • **Tiere:** nicht erlaubt • **Geschlossen:** nie • **Besitzer:** Familie Bulleri

FLORENZ

FLORENZ

Relais degli Uffizi

~ Gästehaus in der Stadt ~

Chiasso de' Baroncelli/Chiasso del Buco 16, 50122 Firenze
Tel (055) 2676239 **Fax** (055) 2657909
E-Mail info@relaisuffizi.it **Website** www.relaisuffizi.it

Im Labyrinth der engen Gassen, die südlich von der Piazza Signoria abgehen, geht man leicht verloren, und leider gibt es auch kein hilfreiches Hinweisschild, das den verirrten Besucher zum Relais degli Uffizi führt. Einzig ein heller Steinbogen markiert den Eingang zum Hotel, durch den man in der Halle ein hübsches Lünettenfresko mit einer Dachszene bewundern kann. Der Gast begibt sich am besten sofort zu dem gemütlichen Aufenthaltsraum, von dem aus man eine fabelhafte Aussicht über die Piazza hat. Dort vermitteln ihm das geschäftige Treiben auf dem historischen Platz, die ungeheuren Ausmaße des Palazzo Vecchio und die außergewöhnliche Silhouette des Domes den unmittelbarsten Eindruck von Florenz.

Die zehn Zimmer des Hotels sind auf zwei Stockwerke verteilt und ganz individuell eingerichtet. Sie alle zeichnen sich jedoch durch ihre geschmackvollen Möbel, die Pastellfarben an den Wänden, die Antiquitäten und die traditionellen, florentinisch bemalten Einrichtungsgegenstände aus. Darüber hinaus gibt es Kassettendecken, knarzende Parkettböden und sogar einen riesigen Kamin, der heute als Kopfende eines Bettes dient (im Originalgebäude aus dem 16. Jh. war hier die Küche untergebracht). Einige Zimmer verfügen über moderne Himmelbetten mit zarten weißen Stoffvorhängen.

Umgebung: Ponte Vecchio; Palazzo Vecchio; Uffizien • **Lage:** in einer schmalen Gasse südlich der Piazza Signoria; gebührenpflichtiger Parkplatz in der Nähe **Mahlzeiten:** Frühstück • **Preise:** €€ • **Zimmer:** 11; 10 Doppel- und Zweibettzimmer, 1 Einzelzimmer, alle mit Bad oder Dusche; alle Zimmer mit Telefon, TV, Klimaanlage, Minibar, Safe, Fön • **Anlage:** Aufenthalts-/Frühstücksraum • **Kreditkarten:** AE, DC, MC, V • **Behinderte:** 2 Zimmer geeignet, Aufzug • **Tiere:** kleinere Tiere erlaubt • **Geschlossen:** nie • **Besitzerin:** Elizabetta Matucci

FLORENZ

FLORENZ

Residenza d'Epoca
~ Gästehaus in der Stadt ~

Via dei Magazzini 2, 50123 Firenze
Tel (055) 2399546 **Fax** (055) 2676616
E-Mail info@inpiazzadellasignoria.com **Website** www.inpiazzadellasignoria.com

Nur die besten Zimmer in diesem schmucken, gemütlichen Gäste-haus (»Michelangelo« und »Leonardo«) bieten die Aussicht auf die Piazza della Signoria, von den anderen Zimmern lässt sich allenfalls ein flüchtiger Eindruck von diesem historischen Platz in Florenz er-haschen. Das große Stadthaus von Sonia und Alessandro Pini stammt aus dem 16. Jh. und ist komplett im traditionellen eleganten Stil der Toskana gehalten. Alle zehn Zimmer sind individell einge-richtet; es gibt jeweils Himmel- oder Baldachinbetten, Antikmöbel, edle Stoffe und Orientteppiche auf dunklen Parkettböden. Die be-eindruckenden Badezimmer sind mit Travertin gefliest – eines davon hat einen Whirlpool.
Das Frühstück wird im 3. Stock an einem großen, ovalen Tisch mit Blick auf die Piazza serviert. Sonia und Alessandro betreuen ihre Gäste auf sehr persönliche Art mit vielen kleinen Extras. Es gibt überall frische Blumen im Überfluss, Kaffee- und Teebereitung auf jedem Stock, und zur »Aperitivo-Zeit« wird jedem Gast ein Glas Wein oder Prosecco angeboten. Eventuell werden Sie sogar zum Abendessen eingeladen. Für Selbstversorger stehen im obersten Stockwerk drei sonnige Appartements zur Verfügung, und ganz Unternehmungslustige können die Yacht der Pinis mieten, die bei Livorno vor Anker liegt.

~

Umgebung: Duomo; Palazzo Vecchio; Uffizien; Ponte Vecchio • **Lage:** an einer schmalen Seitenstraße der Piazza della Signoria in der Fußgängerzone; gebühren-pflichtiger Parkplatz • **Mahlzeiten:** Frühstück • **Preise:** €€€ • **Zimmer:** 10 Dop-pelzimmer und 3 Appartements für 4-5 Personen mit Bad oder Dusche; alle Zimmer mit Telefon, TV, Safe, Klimaanlage, Fön; Appartements mit DVD • **Anlage:** Frühstücksraum, Bar, Lift • **Kreditkarten:** AE, DC, MC, V • **Behinderte:** keine spezi-ellen Einrichtungen • **Tiere:** nicht erlaubt • **Geschlossen:** nie • **Besitzer:** Sonia und Alessandro Pini

FLORENZ

FLORENZ

Residenza Johlea Uno
~ Gästehaus in der Stadt ~

Via San Gallo 76, 50129 Firenze
Tel (055) 4633292 **Fax** (055) 4634552
E-Mail cinquegiornate@johanna.it **Website** www.johanna.it

Kaum zu glauben, aber in einer Stadt, deren Hotelpreise in den letzten Jahren derart in die Höhe geschossen sind, gibt es ein Hotel, das sich bei Preisen eines Ein-Stern-Hotels auf dem Niveau eines Drei-Sterne-Hotels bewegt – das Johlea tut genau dies. Die *residenza* ist eine elegante Wohnung in einem prächtigen Palazzo nördlich der Kathedrale. Die Atmosphäre des freundlichen Privathauses ist denkbar intim: Kein Schild an der Straße verweist auf die Unterkunft, die Gäste erhalten einen Schlüssel, damit sie kommen und gehen können, wann sie wollen. Einen Frühstücksraum gibt es nicht, dafür steht in den Zimmer das Nötigste für ein bescheidenes Frühstück bereit. Die Gästezimmer sind stilvoll eingerichtet: Pastellfarben, bequeme Möbel, teilweise Antiquitäten. Die Badezimmer sind sehr gut ausgestattet.
Im Aufenthaltsraum im Obergeschoss können sich die Gäste aus dem Kühlschrank ein kaltes Getränk und auch ein Joghurt nehmen. Einen Stockwerk höher erreicht man das das wahre Juwel des Hauses, eine kleine Dachterrasse, von der man einen Rundumblick auf die Stadt hat. Sind hier alle Zimmer besetzt, können Sie auf das Johlea Due ein paar Häuser weiter ausweichen, das den gleichen Service zu gleichen Preisen bietet, allerdings ohne die tolle Dachterrasse.

~

Umgebung: Duomo; San Marco; Gallerie dell' Accademia • **Lage:** im Stadtzentrum, nördlich der Kathedrale; mit kostenpflichtiger Parkgarage in der Nähe; Aufzug
Mahlzeiten: Frühstück (auf den Zimmern) • **Preise:** € • **Zimmer:** 6; 5 Doppel- bzw. Zweibettzimmer, 1 Familienzimmer, 1 mit Badewanne, 5 mit Dusche; alle Zimmer mit TV; 3 mit Klimaanlage • **Anlage:** Salon, Dachterrasse • **Kreditkarten:** keine
Behinderte: keine speziellen Einrichtungen • **Tiere:** gestattet • **Geschlossen:** nie
Eigentümerin: Lea Gulmanelli

FLORENZ

FLORENZ

Le Stanze di Santa Croce
∼ Gästehaus in der Stadt ∼

Via delle Pinzochere 6, 50122 Firenze
Tel (055) 2001366 **Fax** (055) 2008456 **E-Mail** lestanze@viapinzochere6.it
Website www.viapinzochere6.it / www.cucinareafirenze.it

Mariangela Catalani eröffnete ihr Haus in der Stadt 2002 als Hotel. Seine Lage könnte nicht besser geeignet sein, um die Kunstschätze von Florenz zu erkunden, aber auch Feinschmecker kommen im nahe gelegenen geschäftigen Markt von Sant'Ambrogio und in der Vielzahl von guten Restaurants und Weinbars auf ihre Kosten.
Der einladende Empfangsbereich liegt im ersten Stock und führt zu einer jasminduftenden Terrasse, auf der im Sommer das Frühstück serviert wird und auf der die Gäste des Hotels ein kühles Getränk genießen können. In den kälteren Monaten ist die Terrasse auf allen Seiten durch Glaswände abgeschirmt und dient somit auch als sonniger Wintergarten. Die vier Zimmer unterscheiden sich voneinander; jedes wurde jedoch sorgsam mit einer Mischung aus Altem und Neuem ausgestattet. Die hellen Wände bilden einen hübschen Kontrast zu den farbenprächtigen Bettbezügen und Vorhängen, und die traditionellen Deckenbalken passen ausgezeichnet zu den zeitgenössischen Einrichtungsgegenständen. Ein Zimmer verfügt über ein wunderschönes Himmelbett, ein anderes (im oberen Teil des Gebäudes) über Dachfenster und ein Farbschema aus Grün- und Malventönen. Mariangela ist um das Wohlergehen ihrer Gäste sehr bemüht. Auf Wunsch bereitet sie ein köstliches Abendessen zu, das man bei Kerzenschein auf der Dachterrasse genießen kann; zudem gibt sie Kochkurse und hält für ihre Gäste viele nützliche Tipps zur Umgebung bereit.

∼

Umgebung: Santa Croce; Markt von Sant'Ambrogio; Dom • **Lage:** in einer Nebenstraße der Piazza Santa Croce; gebührenpflichtiger Parkplatz in der Nähe
Mahlzeiten: Frühstück; Abendessen auf Wunsch • **Preise:** €€ • **Zimmer:** 4 Doppel- und Zweibettzimmer, 3 mit Dusche, 1 mit eigenem Bad inkl. Jacuzzi; alle Zimmer mit Telefon, TV, Klimaanlage, Fön, Safe, Modemanschluss • **Anlage:** Terrasse, Aufenthaltsraum • **Kreditkarten:** AE, MC, V • **Behinderte:** nicht geeignet • **Tiere:** nicht erlaubt • **Geschlossen:** nie • **Besitzerin:** Mariangela Catalani

FLORENZ

FLORENZ

Tornabuoni Beacci

〜 Gästehaus in der Stadt 〜

Via Tornabuoni 3, 50123 Firenze
Tel (055) 212645, 268377 **Fax** (055) 283594
E-Mail info@tornabuonihotels.com **Website** www.tornabuonihotels.com

Was die Lage angeht, kann man sich nichts Besseres wünschen. Die Via Tornabuoni ist eine der elegantesten Einkaufsstraßen von Florenz; hier haben Designer wie Gucci, Ferragamo und Prada ihre Läden, und alle wichtigen Sehenswürdigkeiten sind zu Fuß zu erreichen. Und doch ist hier oben im vierten und fünften Stock des Palazzo Minerbetti Strozzi aus dem 15. Jh., der an einer Ecke der Piazza Santa Trinità steht, im Gegensatz zu den bevölkerten, lauten Straßen ein Ort der Stille.

In der *pensione* herrscht die Atmosphäre der Zeit um 1900, und wer »Zimmer mit Aussicht« gesehen hat, findet hier einiges an Ähnlichkeiten. Von vielen Räumen hat man einen schönen Blick wie im Film, doch nirgendwo ist er so spektakulär wie von der Dachterrasse mit Pergola und Blumenkübeln; man sieht über die Stadt bis zu den Türmen und Villen des Bellosguardo-Hügels.

Die Einrichtung ist ausgesprochen altmodisch, aber sehr gepflegt. Parkettböden, Wandteppiche und einfache Sofas beherrschen das Bild. Die Zimmer sind unterschiedlich groß – einige allerdings schon sehr klein.

〜

Umgebung: Santa Trinità; Ponte Vecchio; Uffizien; Santa Maria Novella • **Lage:** im Stadtzentrum; gebührenpflichtiges Parken in einer Privatgarage in der Nähe
Mahlzeiten: Frühstück, Abendessen, Imbiss (im Sommer) • **Preise:** €€€
Zimmer: 28; 8 Einzel-, 20 Doppelzimmer, alle mit Bad oder Dusche, Telefon, TV, Minibar, Klimaanlage, Fön • **Anlage:** Aufenthaltsraum, Restaurant, Dachterrasse
Kreditkarten: AE, DC, MC, V • **Tiere:** nur kleine Hunde • **Behinderte:** Zugang schwierig • **Geschlossen:** nie • **Sprachen:** Deutsch, Englisch, Französisch, Spanisch
Besitzer: Francesco Bechi

FLORENZ

FLORENZ

Torre di Bellosguardo
∼ Ländliche Villa ∼

Via Roti Michelozzi 2, 50124 Firenze
Tel (055) 2298145 **Fax** (055) 229008
E-Mail Info@Torrebellosguardo.com **Website** www.torrebellosguardo.com

Den Hügel von Fiesole im Norden von Florenz, wo einst die Etrusker in dieser Gegend siedelten, kennt jeder; nicht aber den Hügel von
Bellosguardo (Schöne Aussicht) im Süden der Stadt. Hier ist es stil-
ler, kein Stadtverkehr stört den Frieden. Von diesem schönen Hotel
aus ist man schnell in Florenz, es liegt aber doch weit genug außerhalb, um auch die toskanische Landschaft genießen zu können.
Wie der Name schon sagt, steht ein Turm mitten in dieser Villa aus
dem 16. Jh., die ursprünglich zu Verteidigungszwecken gebaut worden war, dann aber vom kultivierteren Lebensstil eingeholt wurde.
Mit großer Sorgfalt hat man die Gebäude restauriert und den alten
Glanz erneuert. Die weiten Räume mit bemalten Holzdecken und
Fresken an den Wänden wirken vornehm und haben viel Atmo-
sphäre. Kein Zimmer ist wie das andere; wir haben nur eins mit
Dachfenster gesehen, das weniger attraktiv war.
Es gibt ein Hallenbad mit Sauna und eine Tiefgarage.

∼

Umgebung: Palazzo Pitti; Boboli-Gärten • **Lage:** auf dem Hügel von Bellosguardo
südlich der Stadt; Tiefgarage • **Mahlzeiten:** Frühstück, Mittagessen • **Preise:** €€-
€€€ • **Zimmer:** 16; 2 Einzel-, 8 Doppelzimmer, 6 Suiten, alle mit Bad, Telefon;
5 mit Klimaanlage • **Anlage:** Aufenthaltsräume, Frühstücksraum, Veranda, Bar,
Garten, Hallenbad • **Kreditkarten:** AE, EC, MC, V • **Tiere:** erlaubt • **Behinderte:**
keine besonderen Einrichtungen • **Geschlossen:** nie • **Sprachen:** Deutsch, Englisch,
Französisch • **Besitzer:** Giovanni Franchetti

FLORENZ

FLORENZ

Torre Guelfa
~ Bed & Breakfast in der Stadt ~

Borgo SS Apostoli 8, 50123 Firenze
Tel (055) 2396338 **Fax** (055) 2398577 **E-Mail** torre.guelfa@flashnet.it
Website www.home.venere.it/florence/torreguelfa

Man kann sich kaum einen stimmungsvolleren Ort in Florenz vorstellen, um nach einem ausgedehnten Besichtigungstag einen Aperitif einzunehmen, als diesen, den höchsten Turm der Stadt in
Privatbesitz. Er stammt aus dem 13. Jh. und erlaubt einen Panoramablick über das Dächermeer von Florenz bis weit in das Umland
hinaus. Bisher berichteten wir von diesem Hotel nur in einem Kurz-
beitrag, jetzt widmen wir ihm eine ganze Seite; zum einen, weil es
so viel positive Resonanz bekam, zum andern, weil wir bei einem
neuen Besuch von der gemütlichen und erfrischend lockeren Atmosphäre angetan waren.
Die Schlafzimmer mit weißen bestickten Baumwollvorhängen sind
in abgedunkelten Pastellfarben gestrichen. Das Mobiliar besteht aus
einer Mischung von schmiedeeisernen, sorgfältig bemalten und vereinzelten antiken Stücken. Die Badezimmer sind in elegantem
grauem Carrara-Marmor gehalten. Ein Zimmer hat eine eigene
weitläufige Terrasse inklusive eines Olivenbaums. Zum Frühstücken bietet sich eine sonnige, fensterreiche Loggia an; der zweige-
teilte »Salon« mit seiner Holzdecke und der kleinen Bar empfiehlt
sich zum Ausruhen und Entspannen.

~

Umgebung: Ponte Vecchio; Palazzo Vecchio; Palazzo Pitti • **Lage:** im Stadt-
zentrum in einer verkehrsberuhigten Zone; Parkgarage in der Nähe • **Mahlzeiten:**
Frühstück • **Preise:** €€ • **Zimmer:** 16; 1 Einzelzimmer, 13 Doppelzimmer/Zwei-
bettzimmer, 2 Familienzimmer; alle mit Bad oder Dusche, Telefon, TV, Klimaanlage,
Minibar; einige mit Fön • **Anlage:** Bar, Aufenthaltsraum, Frühstückszimmer,
Terrassen • **Kreditkarten:** AE, MC, V • **Behinderte:** 1 geeignetes Zimmer • **Tiere:**
kleine Tiere willkommen • **Geschlossen:** nie • **Sprachen:** Deutsch, Englisch,
Französisch • **Besitzer:** Giancarlo Avuri

Florenz

Florenz

Villa Azalee
~ Stadthotel ~

Viale Fratelli Rosselli 44, 50123 Firenze
Tel (055) 214242 **Fax** (055) 268264
E-Mail villaazalee@fi.flashnet.it **Website** www.villa-azalee.it

Das Haus gefällt bestimmt all jenen, die eine familiäre Atmosphäre lieber mögen als ein Luxushotel. Und verglichen mit sonstigen Hotelpreisen in Florenz sind die Preise relativ günstig. Das Hotel besteht aus zwei Gebäuden: der Villa aus dem 19. Jh. in bürgerlich florentinischem Stil und, jenseits des Gartens, einem Nebengebäude mit zahllosen Azaleenkübeln, die dem Ganzen den Namen geben. Die Art der Ausstattung und Möblierung ist höchst eigenwillig, manchen gefällt sie sicherlich, anderen mag sie etwas schrullig erscheinen. In den Zimmern Pastellfarben, blumige Baldachine sowie passende Vorhänge und Bettdecken. Alle haben Klimaanlage und makellose Bäder. Die Aufenthaltsräume ziert eine interessante Sammlung von Familienbildern. Frühstück bekommt man im Zimmer, im Garten (wo es allerdings etwas laut ist) oder im Frühstücksraum.
Ein Nachteil des Hauses ist seine Lage an der verkehrsreichen Ringstraße um Florenz, die im 19. Jh. anstelle der Stadtmauern angelegt wurde. Man war zwar um Schalldämmung bemüht, doch ist es ratsam, ein Zimmer im Anbau oder zum Garten hin zu bestellen.

Umgebung: Santa Maria Novella; Ognissanti; San Lorenzo; Duomo • **Lage:** vom Hauptbahnhof wenige Minuten zu Fuß Richtung Porta al Prato; kostenpflichtiger Parkplatz in der Nähe • **Mahlzeiten:** Frühstück • **Preise:** €€ • **Zimmer:** 25; 23 Doppel- und Zweibettzimmer, 2 Einzelzimmer; alle mit Bad oder Dusche, Klimaanlage, TV, Telefon, Fön, Minibar • **Anlage:** Aufenthaltsraum, Bar, Garten **Kreditkarten:** AE, DC, MC, V • **Tiere:** nach Rückfrage • **Behinderte:** 2 geeignete Zimmer • **Geschlossen:** nie • **Sprachen:** Englisch, Französisch • **Besitzerin:** Ornella Brizzi

Florenz

Florenz

Villa Poggio San Felice
~ Villa auf einem Hügel ~

Via San Matteo in Arcetri 24, 50125 Firenze
Tel (055) 220016 **Fax** (055) 2335388
E-Mail info@villapoggiosanfelice.com **Website** www.villapoggiosanfelice.com

Die Hügel unmittelbar südlich der Stadt sind voller großartiger und wunderschöner Villen, die einst vielen wohlhabenden Florentiner Familien als Sommerresidenzen dienten. Die aus dem 15. Jh. stammende Villa Poggio San Felice auf ihrem kleinen Hügel (oder eben »poggio«) ist ein solches Gebäude. Es wurde von Gerardo Bernardo Kraft, einem Schweizer Hotelier, im frühen 19. Jh. gekauft und von seinen Nachfahren restauriert.

Die Villa liegt in einem wunderschönen Garten, der im späten 19. Jh. von Porcinai gestaltet worden ist. Im Inneren ähnelt sie eher einem eleganten, aber nicht mit Möbeln überfüllten privaten Wohnsitz. Lebendige Stoffe und interessante Farben verjüngen den Ort und harmonieren gleichzeitig ausgezeichnet mit den Familienantiquitäten und Gemälden. Man beginnt den Tag in dem langen und hohen Frühstücksraum, in dem sich Verandatüren zum Garten hin öffnen. Zur Zerstreuung und Entspannung gibt es hübsche, teilweise überdachte Loggien, Sitzmöglichkeiten im Garten oder einen Aufenthaltsraum für schlechteres Wetter. Die komfortablen und geräumigen Zimmer gehen vom Treppenabsatz im ersten Stock ab und sind alle individuell gestaltet. Zwei Zimmer verfügen über einen funktionierenden Kamin und die Suite sogar über ein Lesezimmer und eine Terrasse mit Blick über die Stadt.

~

Umgebung: San Miniato al Monte; Piazzale Michelangelo • **Lage:** südlich der Porta Romana, der Ausschilderung Arcetri folgen; Parkplatz • **Mahlzeiten:** Frühstück • **Preise:** €€€ • **Zimmer:** 5; 4 Doppelzimmer, 1 Zweibettzimmer, 4 mit Bad, 1 mit Dusche; alle Zimmer mit Telefon; Fön auf Anfrage • **Anlage:** Aufenthaltsraum, Frühstücksraum, Terrassen, Garten, kostenloser Shuttleservice zum Ponte Vecchio • **Kreditkarten:** AE, DC, MC, V • **Behinderte:** Zugang schwierig • **Tiere:** kleinere Tiere erlaubt • **Geschlossen:** Januar bis März • **Besitzer:** Livia Puccinelli und Lorenzo Magnelli

FLORENZ

GREVE IN CHIANTI

Villa Bordoni

Ländliche Villa

Via San Cresci 31/32, Mezzuola, Greve in Chianti, 50022 Firenze
Tel (055) 8840004 **Fax** (055) 8840005
E-Mail info@villabordoni.com **Website** www.villabordoni.com

Der schottische Gastronom David Gardner und seine Frau Catherine sind schon seit Jahren ein Begriff in der Feinschmeckerszene von Florenz, und dieses elegante, aber lockere Refugium, das mitten im Herzen des Chianti liegt, ist ihre neueste Unternehmung. Sie kauften Haus und Grund in verwahrlostem Zustand, aber nach einer aufwändigen Komplettrenovierung konnten sie das Hotel 2005 eröffnen. Um diese Villa aus dem 19. Jh. zu erreichen, müssen Sie einige Kilometer unbefestigter Straße überwinden. Die Mühe lohnt sich: Der Innenbereich ist stilvoll ländlich gestaltet: mit kräftigen Erdtönen, antiken Möbeln, edlen Stoffen und viel Liebe zum Detail. Im ersten Stock brennt ein einladendes Kaminfeuer im Wohnzimmer, wo man es sich in komfortablen Sofas und Lehnstühlen gemütlich machen kann. Die Zimmer sind unterschiedlich groß, aber durchweg luxuriös. Die Betten haben schwere Leinenüberzüge, und die Plasma-Fernseher sind durch Spiegel getarnt. Die prachtvollen Bäder haben antike Fliesenböden und große Duschen.
Ein ummauerter italienischer Garten, Terrassen- und Poolbereich geben den Blick auf die Landschaft frei. Selbstverständlich ist das Essen hier wichtig: Sie können die exzellenten Interpretationen lokaler Gerichte des Chefs im gemütlichen Restaurant genießen.

Umgebung: Florenz (25 km); Siena (40 km); Weinberge des Chianti • **Lage:** Abzweigung von der SS 222, 5 km westlich von Greve in Chianti in freier Landschaft; geräumiger Parkplatz. Tipp: präzise Wegbeschreibung erforderlich
Mahlzeiten: Frühstück, Mittag- und Abendessen • **Preise:** €€€ • **Zimmer:** 9; 6 Doppelzimmer und 3 Suiten, 1 Ferienhaus ohne Verpflegung für 4 Personen, alle mit Bad oder Dusche; alle Zimmer mit Telefon, TV, DVD, Klimaanlage, Minibar, Fön und Safe • **Anlage:** Aufenthaltsraum, Restaurant, Bar, Garten, beheizter Pool, Fitnessraum; Mountainbikes • **Kreditkarten:** AE, DC, MC, V • **Tiere:** nach Voranfrage • **Behinderte:** keine besonderen Einrichtungen • **Geschlossen:** nie
Besitzerin: David und Catherine Gardner

Florenz

Greve in Chianti

Villa di Vignamaggio
~ Villa auf dem Land ~

Greve in Chianti, 50022 Firenze
Tel (055) 954661 **Fax** (055) 854461
E-Mail agriturismo@vignamaggio.com **Website** www.vignamaggio.com

Das Chianti-Gebiet hat mehr zu bieten als Villen und Burgen in Hügellage, die heute Hotels sind oder, wie in diesem Fall, Appartements zur Selbstversorgung *(agriturismo)*. Vignamaggio aber macht eine Ausnahme; an diesem Ort überlegt man es sich zweimal, ob man sie allzu bekanntmachen sollte. Der ursprüngliche Besitzer der Villa war die Familie der Mona Lisa, die Gherardinis, sie selbst wurde 1479 hier geboren. Hier könnte sie Leonardo gesehen haben. In jüngerer Zeit drehte hier Kenneth Branagh den Shakespeare-Film »Viel Lärm um nichts«.

Das Haus ist in warmem toskanischem Rosa gehalten. Ein kleiner Ziergarten vor der Villa geht über in Wein- und Olivenhaine mit weitläufigen Spazierwegen. Das Schwimmbad liegt zwischen Feldern und Bäumen. Die Innenausstattung verbindet auf vollkommene Weise Schlichtheit und guten Geschmack; natürliche Materialien wie Stein, Holz, Terrakotta, weißgetünchte Wände herrschen vor. Betten und Polstermöbel sind sehr hübsch. Hinter alten Schränken verbergen sich kleine Küchenzeilen. Das Frühstück mit frischem Brot und hausgemachter Marmelade wird in den schönen Aufenthaltsräumen oder auf der Terrasse serviert. Ausflüge mit Weinverkostung werden angeboten.

~

Umgebung: Greve in Chianti (5 km); Florenz (19 km); Siena (38 km) • **Lage:** 5 km südöstlich von Greve an der Straße nach Lamole, die von der SS 222 abzweigt; Parkplatz • **Mahlzeiten:** Frühstück; Abendessen zweimal in der Woche • **Preise:** €€ • **Zimmer:** 21 Zimmer, Suiten, Appartements für Selbstversorger, für 2 bis 4 Personen, alle mit Bad, Telefon, Klimaanlage • **Anlage:** Aufenthaltsräume, Bar, Terrasse, Garten, 2 Schwimmbäder, Fitnessraum, Tennisplatz, Kinderspielplatz, Spazierwege, Türkisches Bad • **Kreditkarten:** AE, MC, V • **Behinderte:** 1 Appartement geeignet • **Tiere:** erlaubt • **Geschlossen:** nie • **Sprachen:** Deutsch, Englisch, Französisch • **Besitzer:** Gianni Nunziante

Florenz

Salvadonica
~ Ländliches Gästehaus ~

Via Grevigiana 82, 50024 Mercatale Val di Pesa, Firenze
Tel (055) 8218039 **Fax** (055) 8218043
E-Mail info@salvadonica.com **Website** www.salvadonica.com

Zwei Schwestern haben das Gut der Familie aus dem 14. Jh. in ein
vielbesuchtes Gästehaus und einen Appartementbereich umgewandelt. Das Ganze liegt in der hügeligen Landschaft südlich von Florenz und wurde mit beträchtlichem Stilgefühl und Aufwand unter
Ausnutzung des besonderen Charakters der Gebäude und der schönen Lage umgestaltet. Das Hauptgebäude ist in warmem Rosa gehalten, rundherum Bauernhäuser aus Stein mit Ziegelelementen. In dem
gepflasterten Innenhof steht eine einzelne Schirmpinie. Die Begeisterung von Francesca und Beatrice und das herzliche Willkommen
sorgen für eine freundliche Atmosphäre.
Die Zimmer und Appartements sind elegant und komfortabel; alle
sind individuell gestaltet. Ein besonders eindrucksvolles Appartement mit schönem Ziegelgewölbe und Säulen sieht eher wie die
Krypta einer Renaissancekirche als wie ein umgebauter Kuhstall aus.
Das Frühstück wird entweder auf der Terrasse oder in einem kühlen Raum nebenan serviert. Dank Schwimmbad, Tennisplatz, Reit-
möglichkeit in der Nähe und der günstigen Verbindung zu den
Kunstschätzen der Toskana wird einem der Aufenthalt im Salvado-
nica meist viel zu kurz erscheinen.

~

Umgebung: Florenz (20 km); Siena (40 km) • **Lage:** 20 km südlich von Florenz,
Abfahrt von der SS 2 nach Siena in San Casciano Val di Pesa; Parkplatz
Mahlzeiten: Frühstück, Imbiss • **Preise:** €€-€€€ • **Zimmer:** 5 Doppelzimmer, alle
mit Bad oder Dusche, Telefon; 10 Appartements für 2 bis 4 Personen, alle mit
Kühlschrank • **Anlage:** Frühstücksraum, Garten, Schwimmbad, Tennis, Billard,
Spielplatz • **Kreditkarten:** AE, DC, MC, V • **Tiere:** kleine Tiere erlaubt • **Behinderte:**
2 Zimmer mit besonderen Einrichtungen • **Geschlossen:** Nov. bis Feb. **Sprachen:**
Deutsch, Englisch • **Besitzer:** Francesca und Beatrice Baccetti

FLORENZ

MONTEFIRIDOLFI

Il Borghetto
~ Ländliche Villa ~

Via Collina S. Angelo 23, Montefiridolfi, S. Casciano Val di Pesa,
50020 Firenze **Tel** (055) 8244442 **Fax** (055) 8244247
E-Mail info@borghetto.org **Website** www.borghetto.org

Am besten ist dieses Gästehaus mit den Begriffen Diskretion und
Eleganz zu charakterisieren. Es hat ein anspruchsvolles Stammpu-
blikum, das die kultivierte Atmosphäre in dieser bukolischen Landschaft zu schätzen weiß.
Ein gepflegter Kiesweg führt an Rasen, Rosen und Zypressen vorbei zu den Hauptgebäuden, zu denen die Reste eines Wachturms aus
dem 15. Jh. gehören. Von der überdachten Terrasse, auf der man bei
gutem Wetter das Frühstück und eine herrliche Aussicht genießt,
gelangt man durch einen repräsentativen Eingang ins großzügige
Erdgeschoss der Hauptvilla. Im Innern ist die Strenge des toskanischen Stils durch gedämpfte Farbtöne bei Wandfarben und Vorhängen gemildert. Die zahlreichen Möbel beeinträchtigen die großzügige Raumwirkung keineswegs. In den Gästezimmern oben
(einige sind nicht gerade groß) herrscht durch Blumentapeten und
gedämpftes Licht eine entspannte Atmosphäre. Hier wird man
weder durch klingelnde Telefone noch plärrende Fernseher gestört.
Selbst kultivierte Leute aber wollen ein Schwimmbad; stilvollere Er-
frischung findet man in einem angenehmen Wassergarten. Mehrmals im Jahr werden Kochkurse angeboten.

Umgebung: Florenz (18 km); Siena (45 km); San Gimignano (40 km) • **Lage:** 18 km
südlich von Florenz, östlich der Straße nach Siena, vor der Ortschaft rechts; Parkplatz • **Mahlzeiten:** Frühstück; Mittag- und Abendessen, wenn genügend Interes-
senten • **Preise:** €€€; Mindestaufenthalt 2 Tage • **Zimmer:** 8; 6 Doppelzimmer,
2 Suiten, alle mit Dusche • **Anlage:** Aufenthaltsraum, Speiseraum, Terrasse,
Gärten, Schwimmbad • **Kreditkarten:** keine • **Tiere:** nicht erlaubt • **Behinderte:**
1 geeignetes Zimmer mit Bad • **Geschlossen:** Nov. bis März • **Sprachen:** Englisch.,
Französisch, Deutsch • **Geschäftsführer:** Antonio Cavallini

FLORENZ

PANZANO IN CHIANTI

Villa Le Barone

◦∾ Ländliche Villa ∾◦

Via San Leolino 19, Panzano in Chianti, 50020 Firenze
Tel (055) 852621 **Fax** (055) 852277
E-Mail villalebarone.it **Website** info@villalebarone.it

Aristokraten, denen ihre Villen zu groß und zu teuer werden, lassen meist eine über Jahrhunderte zusammengetragene Familiensammlung von schönen alten Möbeln, Bildern und anderen Kunstgegenständen zurück. So geschah es auch mit dem Kleinod Le Barone: Die Besitzer, Baronin und Baron Aloisi de Larderel, haben ein großes Interesse daran, ihr reiches Erbe zu bewahren.

Den Besucher erwarten ungezwungene Eleganz, noble Behaglichkeit, Ruhe und Frieden. Die Aufenthaltsräume sind klein und etwas verstreut; im Wohnraum mit den blauen und gelben Sofas und einem schön gemeißelten Kamin gibt es eine Sammlung von Familienbildern und Büchern, in denen auch der Gast schmökern kann. Zwischen der Villa und dem Garten mit Kastanienbäumen liegt eine lange Kiesterrasse, auf der bei gutem Wetter gefrühstückt, abends ein Drink genommen wird. Die Bar mit Selbstbedienung (man trägt die Zeche in ein Buch ein) hat glänzende goldbraune Fliesen an den Wänden; man sitzt auf Weinfässern neben einer Wiege voll Blumen. Alle zwei Wochen findet auf der Terrasse vor dem Abendessen eine kostenlose Weinprobe der lokalen Weinerzeuger statt. Der mit Rosensträuchern und Olivenbäumen bestandene Park ist wunderschön. Die Eigentümer haben vier Spaziergänge in die Umgebung ausgetüftelt, ein Informationspaket findet sich auf jedem Zimmer.

Umgebung: Greve in Chianti (6 km); Florenz (29 km); Siena (33 km) • **Lage:** 6 km südlich von Greve; Parkplatz • **Mahlzeiten:** Frühstück, Mittag- und Abendessen, Imbiss • **Preise:** €€€ • **Zimmer:** 29; 28 Doppel- und Zweibettzimmer, 22 mit Bad, 6 mit Dusche, 1 Einzelzimmer mit Dusche; alle Zimmer mit Telefon, Fön, 15 mit Klimaanlage • **Anlage:** 3 Aufenthaltsräume, TV-Raum, Bar mit Selbstbedienung, Frühstücks- und Speiseraum; Swimmingpool, Tennisplatz, Tischtennis, Internetanschluss • **Kreditkarten:** AE, MC, V • **Tiere:** nicht erlaubt • **Behinderte:** Erdgeschosszimmer geeignet • **Geschlossen:** Nov. bis März **Sprachen:** Englisch **Besitzer:** Baronin und Baron Aloisi de Larderel

FLORENZ

PANZANO IN CHIANTI

Villa Rosa
∽ Ländliches Gästehaus ∽

Via S. Leolino 59, Panzano in Chianti, 50020 Firenze
Tel (055) 852577 **Fax** (055) 8560835
E-Mail villa.rosa@flashnet.it **Website** www.resortvillarosa.com

Zu den zahllosen Hotels und Gästehäusern in diesem Teil des Chianti gehört auch die Villa Rosa, ein solides Bauwerk vom Anfang des 20. Jhs. Es überragt die Straße von Panzano nach Radda und bietet eine erfrischende Abwechslung vom üblichen Schema der ländlichen Steinhäuser der Toskana: es ist in leuchtendem Rosa gestrichen.

Das Innere ist hell und leicht gehalten. Landestypisch sind die Terrakottaböden und die weißen Wände im unteren Geschoss, die Schlafzimmer sind in pastellfarbenen Wandfarben getönt und mit schmiedeeisernen Himmelbetten, verschiedenen Korbmöbeln und vereinzelten antiken Möbelstücken ausgestattet. Auch die Badezimmer haben etwas Farbe und durch beheizte Handtuchhalter einen Hauch von Luxus abbekommen.

Das Gebäude liegt zu nahe an der Straße um perfekt zu sein, hinter dem Haus befindet sich jedoch eine ruhige Terrasse, wo Mahlzeiten eingenommen werden können. Von dort erstreckt sich der Garten den Hügel hinauf zu einem Swimmingpool und den Weinbergen der Umgebung. Die gemäßigten Preise und der lockere Stil des Managements spricht für dieses Hotel.

∽

Umgebung: Panzano in Chianti (3 km); Florenz (34 km); Siena (28 km) • **Lage:** 3 km südöstlich von Panzano auf der Straße nach Radda, Parkplatz • **Mahlzeiten:** Frühstück, Abendessen • **Preise:** €€ • **Zimmer:** 16 Doppel- und Zweibettzimmer; alle mit Bad oder Dusche, Telefon, TV, Minibar • **Anlage:** Garten, Terrassen, Aufenthaltsraum, Restaurant, Pool • **Kreditkarten:** AE, DC, MC, V • **Tiere:** erlaubt **Behinderte:** 1 Zimmer geeignet, Zugang aber schwierig • **Geschlossen:** 15. Nov. bis vor Ostern • **Sprachen:** Deutsch, Englisch, Französisch • **Besitzerin:** Sabine Buntenbach

Florenz

Panzano in Chianti

Villa Sangiovese
~ Ländliche Villa ~

Piazza Bucciarelli 5, 50020 Panzano in Chianti, Firenze
Tel (055) 852461 **Fax** (055) 852463
E-Mail villa.sangiovese@libero.it **Website** www.wel.it/villasangiovese

Die Bleulers führten früher die Tenuta di Ricavo in Castellina in
Chianti (Seite 118). Seit 1988 widmen sie sich diesem Projekt einige
Kilometer weiter im Norden – einem komplett restaurierten Landhaus, das beste Kritiken von seinen Besuchern bekommt.
Das Hauptgebäude ist ein hübsches verputztes Steinhaus direkt an
einer Seitengasse; Pflanzenkübel und ein Messingschild neben dem
Eingang sind die einzigen Hinweise auf das Hotel. Daran ange-
schlossen ist ein altes, weitläufiges Steingebäude neben einer blu-
menreichen, mit Kies bestreuten Hofterrasse mit herrlichem Ausblick. Im Garten darunter befindet sich ein Schwimmbad. Im
Inneren herrscht ein angenehmer, einladender Stil vor: Sorgfältig
ausgewählte antike Möbelstücke kontrastieren mit ungeschmück-
ten, blassen Wänden. Die Schlafzimmer sind geräumig, bequem und
geschmackvoll eingerichtet; einige haben Decken mit Holzbalken.
Auch der Speiseraum ist einfach und stilvoll, mit gedämpftem Licht,
Stühlen aus Bugholz und gekacheltem Boden.
Die Speisekarte ist knapp gehalten, bietet jedoch jeden Abend neue,
interessante Gerichte. Im Sommer wird auf der Terrasse serviert.

Umgebung: Greve in Chianti (5 km); Siena (30 km); Florenz (30 km) • **Lage:** am
Stadtrand, 5 km südlich von Greve; Parkplatz • **Mahlzeiten:** Frühstück, Mittag-
und Abendessen • **Preise:** €€ • **Zimmer:** 19; 16 Doppelzimmer, 1 Einzelzimmer,
2 Suiten, alle mit Bad oder Dusche; alle Zimmer haben Telefon, die zur Piazza
auch Klimaanlage; TV auf Anfrage • **Anlage:** Speisezimmer, 2 Aufenthaltsräume,
Bibliothek, Bar, Terrasse, Schwimmbad • **Kreditkarten:** MC, V • **Behinderte:** keine
besonderen Einrichtungen • **Tiere:** nicht erlaubt • **Geschlossen:** 15. 12. bis Ende
Feb.; Restaurant Mi • **Geschäftsführer:** Ulderico und Anna Maria Bleuler

Florenz

Pelago

La Doccia
~ Gästehaus auf dem Land ~

Ristonchi 19-20, 50060 Pelago, Firenze
Tel (055) 8361387 **Fax** (055) 8361388 **E-Mail** ladoccia@tin.it
Website www.ladocciawelcomes.com

Edward und Sonia Mayhew haben ihr wunderschön umgebautes Steinbauernhaus im Mai 1999 eröffnet. Das Hotel mit seinen handgefertigten Pflastersteinen aus Terrakotta, den Deckenbalken und den steinernen Treppen und Bögen hat hoch oben in den Hügeln einer bisher unentdeckten Ecke der Toskana eine herrliche Lage. Die warmen Farben des Gemäuers setzen sich wohltuend von dem üblichen grellen Weiß ab. Die Einrichtung stellt eine erfolgreiche Mischung aus lokalen Stücken und englischen Antiquitäten der Besitzer dar; die überall verstreuten Bücher, die Bilder an den Wänden und andere Details vermitteln die Atmosphäre eines privaten Wohnhauses. Die gemütlichen Zimmer und zurückhaltenden Appartements mit ihren hübschen Bädern sind ebenfalls sorgfältig eingerichtet. Zwei der Appartements haben offene Kamine.
Es gibt zwei Aufenthaltsräume, beide mit Kamin, und eine Bar. Frühstück und Abendessen — Letzteres bereitet Edward selbst zu — werden an einem langen Gemeinschaftstisch serviert. Das Gebäude befindet sich 630 Meter über dem Meeresspiegel; die lange, von Lavendel- und Rosenbüschen eingesäumte Terrasse, auf der weiße Sonnenschirme stehen, bietet eine fantastische Aussicht auf die umliegenden Hügel und auf das weit entfernte Florenz.

~

Umgebung: Florenz (27 km); Vallombrosa (8 km) • **Lage:** 27 km östlich von Florenz, 5 km südlich von Pelago; Parkplatz • **Mahlzeiten:** Frühstück; Mittagessen und Abendessen nach Voranmeldung • **Preise:** €€ • **Zimmer:** 5 Doppelzimmer, 4 Appartements für 2 bis 4 Personen, alle mit Bad oder Dusche • **Anlage:** Aufenthaltsräume, Speiseraum, Bar, Terrassen, Garten, Swimmingpool • **Kreditkarten:** AE, MC, V • **Behinderte:** keine speziellen Einrichtungen • **Tiere:** erlaubt
Geschlossen: Appartements nie, Zimmer Dezember bis Februar • **Besitzer:** Edward und Sonia Mayhew

FLORENZ

REGELLO

Villa Rigacci
～ Villa am Hügel ～

Loc. Vággio 76, Regello 50066, Firenze
Tel (055) 865 6718 **Fax** (055) 865 6537
E-Mail hotel@villarigacci.it **Website** www.villarigacci.com

Dieses von Kletterpflanzen bewachsene Bauernhaus aus dem 15. Jh.
steht an einem wunderschönen Platz für sich allein – auf einem
Hügel mit Olivenhainen, Pinien, Kastanien und Weiden. Und doch
ist es nur ein paar Kilometer von der *autostrada* Florenz–Rom und
einen kurzen Ausflug von Florenz und Arezzo entfernt.
In dem Haus, in dem es noch viel Ursprüngliches gibt, herrscht eine
behagliche, entspannte Atmosphäre. Manches verrät, dass Signor
Pierazzi aus der Camargue stammt. Da gibt es z. B. reizvolle Antiquitäten aus dieser Region, an den Wänden Drucke von Pferden
und Stieren. Die teilweise sehr großen Zimmer gehen auf den Garten und den ruhigen Swimmingpool hinaus.
Bei schlechtem Wetter wärmt der Kamin mit offenem Feuer den
Aufenthaltsraum. Im Frühstücksraum erinnern Heuhaufen daran,
dass hier früher einmal der Stall war. Im ländlich-eleganten Speiseraum werden lokale, italienische und französische Gerichte serviert.
Für die Gäste ist hier bestens gesorgt, Hungrige können sich jederzeit einen kleinen Imbiss oder eine leichte Mahlzeit bestellen. Im
Sommer werden Fisch und Fleisch auf dem Grill im Freien zubereitet. Ganz nah beim Haus steht eine Familienkapelle, in der noch
manchmal Messen gelesen werden. ～

Umgebung: Florenz (30 km); Arezzo (45 km) • **Lage:** 300 m nördlich von Vaggio,
30 km südöstlich von Florenz; Parkplatz • **Mahlzeiten:** Frühstück, Mittag- und
Abendessen **Preise:** €€€ • **Zimmer:** 22; 3 Einzelzimmer, 15 Doppelzimmer,
4 Suiten; alle mit Bad und Dusche, Telefon, TV, Minibar, Klimaanlage • **Anlage:**
Aufenthaltsraum, Restaurant, Bar, Terrasse, Garten, Schwimmbad • **Kreditkarten:**
AE, DC, MC, V **Tiere:** erlaubt • **Behinderte:** keine speziellen Einrichtungen
Geschlossen: nie • **Sprachen:** Deutsch, Englisch, Französisch, Spanisch, Arabisch
Besitzer: Federico Pierazzi

Florenz

Sesto Fiorentino

Villa Villoresi
~ Stadtvilla ~

Via Campi 2, Colonnata di Sesto Fiorentino, 50019 Firenze
Tel (055) 443212 **Fax** (055) 442063
E-Mail ILAVilloresi@ila-chateau.com **Website** www.ila-chateau.com/villoresi

Die aristokratische Villa Villoresi wirkt in diesem Industrievorort von Florenz ziemlich deplaziert, doch wenn man erst einmal im Haus und dann im Garten ist, hat man das Gefühl, meilenweit vom modernen, verkehrsreichen Florenz entfernt zu sein. Contessa Cristina Villoresi ist eine liebenswerte Gastgeberin, die sich die Herzen ihrer Gäste im Sturm erobert hat. Ihr ist es zu danken, dass die Villa noch immer wie eine Privatwohnung wirkt.

In jedem Raum dieses Hauses findet man irgendein Stück aus vergangener Zeit. Die Eingangshalle ist eine prachtvolle Galerie mit schweren Kronleuchtern, Fresken an den Wänden, Antiquitäten und mächtigen Topfpflanzen. Fünf der schönsten Zimmer im ersten Stock gehen auf eine Loggia hinaus, die als längste der ganzen Toskana gilt. Ein Zimmer im Erdgeschoss wird von Kristallkronleuchtern, riesigen Fresken und einem Himmelbett geziert. Es gibt auch schlichte, kleine Zimmer mit einfachen Möbeln und Blick auf den Innenhof. In den beiden Speiseräumen werden toskanische Spezialitäten serviert. Contessa Villoresi bietet auch Kurse über italienische Renaissance in ihrem Haus an.

~

Umgebung: Florenz (9 km) • **Lage:** 9 km nordwestlich von Florenz; großer Parkplatz • **Mahlzeiten:** Frühstück, Mittag- und Abendessen • **Preise:** €€-€€€ **Zimmer:** 28; 5 Einzelzimmer, 23 Doppelzimmer; alle mit Bad, Dusche, Telefon, TV auf Anfrage • **Anlage:** Restaurant, Terrassen, Garten, Schwimmbad, Spazierwege **Kreditkarten:** AE, DC, MC, V • **Tiere:** nicht in den Aufenthaltsräumen • **Behinderte:** Zimmer im Erdgeschoss • **Geschlossen:** nie • **Sprachen:** Deutsch, Englisch, Französisch • **Besitzerin:** Cristina Villoresi

FLORENZ

VICCHIO

Villa Campestri
~ Ländliches Hotel ~

Via di Campestri 19/22, Vicchio di Mugello, 50039 Firenze
Tel (055) 8490107 **Fax** (055) 8490108
E-Mail villa.campestri@villacampestri.it **Website** www.villacampestri.it

Mugello heißt das wenig besuchte Gebiet nordöstlich von Florenz, wo aus breiten Flußtälern eine wilde Gebirgslandschaft aufsteigt. Immer mehr Florentiner kommen hierher auf der Suche nach einem unberührten Landstrich. Lassen Sie sich bei der Bestellung den Weg sagen, das Hotel liegt sehr einsam.

Die Renaissance-Villa, ein mächtiger, quadratischer Bau in gebrochenem Weiß, steht oben auf einem Hügel in der offenen Landschaft; rundherum Rasen und Zypressen. Mehr als 600 Jahre war sie im Besitz derselben Familie, bevor sie in ein Hotel umgebaut wurde. Vom alten Glanz ist viel erhalten: im Erdgeschoss repräsentative Räume mit Stein- oder dunklen Terrakottaböden, verblichenen Wandteppichen und Gemälden. In einem Raum gibt es schöne farbig verglaste Fenster von Chini. Das Restaurant mit stattlichem Speiseraum gehört zu den besten der Gegend; hier bekommt man Spezialitäten mit frischen Zutaten aus dieser Region. (Gern werden hier an Wochenenden Hochzeiten gefeiert, und dann kann es recht laut sein.) Auch die Zimmer in der Villa sind recht luxuriös; ein paar eher gemütliche Gästezimmer gibt es im Bauernhaus nebenan.

In der eigenen Olivenmühle wird eines der besten toskanischen Öle produziert.

~

Umgebung: Florenz (35 km) • **Lage:** 3 km südlich von Vicchio auf eigenem Gelände; großer Parkplatz • **Mahlzeiten:** Frühstück, Abendessen, Imbiss • **Preise:** €€-€€€ • **Zimmer:** 21; 14 Doppelzimmer, 6 Suiten, 1 Einzelzimmer, alle mit Bad oder Dusche, Telefon, Satelliten-TV, Minibar • **Anlage:** Aufenthaltsräume, Restaurant, Bar, Schwimmbad, Reiten; Golf in der Nähe • **Kreditkarten:** MC, V • **Tiere:** kleine Hunde auf Anfrage erlaubt • **Behinderte:** 4 Zimmer mit besonderen Einrichtungen • **Geschlossen:** Jan. bis März • **Sprachen:** Englisch **Besitzer:** Paolo Pasquali

FLORENZ

BAGNO A RIPOLI

Il Palazzaccio
Villa mit Appartements

Via Vicinale di Paterno 3, Bagno
a Ripoli, 50012 Firenze

Tel (055) 630127
Fax (055) 630301
Mahlzeiten: Selbstversorgung
Preise: €
Geschlossen: nie

Über dem Städtchen Bagno
a Ripoli, neun Kilometer
südöstlich von Florenz,
thront die sandfarbene Villa aus dem 15. Jh., die sich in Privatbesitz
befindet. Sie wird von einem schattigen Ziergarten umgeben mit
Kieswegen, von Säulen flankierten Laubengängen, heckenumsäum-
ten Arealen sowie Zitronen- und Orangenbäumen in großen, alten
Terrakottatöpfen. Ein versteckt gelegener Swimmingpool bietet
einen weiten Ausblick bis zu Brunelleschis Kuppel des Florentiner
Doms. Die fünf gut ausgestatteten Selbstversorger-Appartements
bieten Platz für fünf bis acht Personen. Es besteht eine Busverbindung mit dem Zentrum von Florenz.

BARBERINO VAL D'ELSA

La Spinosa
Bed & Breakfast auf dem
Bauernhof

Via Le Masse 8, Barberino Val
d'Elsa, 50021 Firenze

Tel (055) 8075413
Fax (055) 8066214
E-Mail info@laspinosa.it
Website www.laspinosa.it
Mahlzeiten: Frühstück, Mittag-
und Abendessen
Preise: €€
Geschlossen: nie

Der Fünf-Personen-Betrieb wird nach strikt makrobiotischen Prin-
zipien ohne Verwendung von chemischen Pflanzenschutzmitteln
geführt. Das Hauptgebäude wurde mit Sorgfalt und Geschmack
eingerichtet (abgesehen von den grell-bunten Teppichen). Neben
einem Swimmingpool und einem Tennisplatz gibt es noch einen
Naturpark, in dem man wandern und die Vögel beobachten kann,
und ein Theater, »Il Piccolo Teatro del Carbone«, in dem die Gäste
mit einer modernen Version der mittelalterlichen Schau- und Mu-
sikspiele unterhalten werden.

Florenz

Osteria del Vicario
Stadthotel

Via Rivellino 3, Certaldo Alto,
50052 Firenze

Tel (055) 668228
Fax (0571) 6688676
E-Mail info@osteriadelvicario.it
Mahlzeiten: Frühstück, Mittag-
und Abendessen
Preise: €–€€
Geschlossen: Jan; Restaurant
Mittwoch

Certaldo Alto ist eine kleine, faszinierende mittelalterliche Stadt, in
der Boccaccio gewirkt hat. Die Osteria del Vicario befindet sich in
einem Klosterkomplex aus dem 13. Jh. In ihrem stilvollen Speiseraum werden seit über 50 Jahre kreative toskanische Gerichte serviert. Im Sommer wird in der entzückenden, mit Kies bestreuten
Gartenanlage, dem ehemaligen Kreuzgang, gespeist. Von hier aus
bieten sich Ausblicke in die Umgebung. Die gepflegten Zimmer sind
auf das Hauptgebäude und zwei nahe gelegene Stadthäuser verteilt.
Sie sind mit Balkendecken, antiken Möbeln und farbenfrohen Stoffen ausgestattet.

Fattoria Casa Sola
Landhaus mit Appartements

Cortine, Barberino Val d'Elsa,
50021 Firenze

Tel & Fax (055) 8075028
E-Mail
casasola@chianticlassico.com
Mahlzeiten: Frühstück,
Mittagessen; Abendessen auf
Anfrage • **Preise:** €–€€
Geschlossen: nie

Montarsiccio, eines der alten Bauernhäuser auf dem Gut Casa Sola
(wo Chianti, Olivenöl und Vin santo erzeugt werden), wurde an-
sprechend in sechs Appartements im toskanischen Landhausstil
umgebaut. Diese haben jeweils einen eigenen Eingang, Garten mit
Veranda und Zugang zum Swimmingpool. Sie sind somit ideal für
Familien. Das Gut liegt im Herzen des Chianti-Classico-Gallo-
Nero-Gebietes zwischen Florenz und Siena, in dem neben Weinreben auch Olivenbäume das Bild beherrschen. Den Gästen werden
Führungen, Weinproben und typisch toskanische Speisen am Mit-
tag und Abend angeboten. Neben Schwimmen kann man sich mit
Reiten und Mountainbiken die Zeit vertreiben.

FLORENZ

FIESOLE

Fattoria di Maiano
Appartements auf dem Land

Via da Maiano 11, Fiesole,
50014 Firenze

Tel (055) 599600
Fax (055) 599640 **E-Mail** maiano @contemiarifulcis.it
Mahlzeiten: Selbstversorgung
Preise: € (Heizung extra)
Geschlossen: nie

Nur fünf Kilometer vom Zentrum von Florenz entfernt, kann man in einem Weiler aus dem 15. Jh. das Landleben in vollen Zügen genießen. Die rustikal eingerichteten Appartements sind auf Gebäude (darunter ein abgelegenes Kloster) verteilt, die eine imposante Villa mit wunderschönem Park umgeben. Es gibt einen kleinen Swimmingpool und einen Laden, in dem die auf dem Gut erzeugten Produkte – darunter Bioolivenöl – verkauft werden. Es werden Koch- und Kunstkurse angeboten. Die Villa ist im Besitz von Baronin Lucrezia Corsini Miari Fulcis.

FLORENZ

Botticelli
Stadthotel

Via Taddea 8, 50123 Firenze

Tel (055) 290905
Fax (055) 294322
E-Mail info@hotelbotticelli.it
Website www. panoramahotelsitlay.it
Mahlzeiten: Frühstück
Preise: €€
Geschlossen: nie

Das nahe dem geschäftigen Mercato di San Lorenzo gelegene Hotel verteilt sich auf zwei Palazzi (einer aus dem frühen 16. Jh. mit einem freskenverzierten Gewölbe im Eingangsbereich). Die Zimmer (einige davon recht klein) sind komfortabel und modern eingerichtet, wobei – wo es möglich war – der Originalzustand des Gebäudes erhalten wurde. Pluspunkte des Hotels sind zudem sein Personal, die angenehm unaufdringliche Atmosphäre und die zentrale Lage.

FLORENZ

Casci
Stadthotel

Via Cavour 13, 50129 Firenze

Tel (055) 211686
Fax (055) 2396461
E-Mail info@hotelcasci.com
Website www.hotelcasci.com
Mahlzeiten: Frühstück
Preise: €–€€
Geschlossen: nie

Unweit von Dom und Palazzo Medici-Riccardi (Prototyp eines adeligen Stadtpalastes der Renaissance) ist dieses reizende Hotel in einem Palazzo aus dem 15. Jh. untergebracht, der einst dem Komponisten Gioacchino Rossini gehörte. Der Standort an der verkehrsreichen Via Cavour macht es ratsam, nach einem ruhigen Zimmer im Rückteil des Gebäudes zu fragen. Das Casci ist ein Familienbetrieb mit angenehmer Atmosphäre. Die Zimmer sind tadellos und mit Klimaanlage, Safe und Kühlschrank ausgestattet. Den Gästen steht in der Lobby ein kostenloser Internetanschluss zur Verfügung. Frühstücksraum und Bar haben freskierte Decken.

Desiree
Stadthotel

Via Fiume 20, 50123 Firenze

Tel (055) 2382382
Fax (055) 291439
E-Mail info@desireehotel.com
Website www.desireehotel.com
Mahlzeiten: Frühstück
Preise: €–€€
Geschlossen: nie

Das Desiree liegt nahe am Bahnhof (was von Vorteil sein kann, aber auch die üblichen Störungen mit sich bringt), hat 18 Zimmer und wirkt wie eine typisch altmodische *pensione*. Das Haus wird pfleglich geführt, die Eigentümer achten auf ein sauberes, einfaches Erscheinungsbild. Bunte Fliesenböden und ähnliche Accessoires sorgen für Stimmung. Einige der Zimmer bieten einen wunderbaren Blick über das chaotische Dächergewirr der Stadt, die beste Aussicht hat jedoch der hübsche Frühstücksraum. Das Personal ist herzlich und hilfsbereit.

FLORENZ

Monna Lisa
Stadthotel

Borgo Pinti 27, 50121 Firenze

Tel (055) 2479751
Fax (055) 2479755
E-Mail monnalis@ats.it
Website www.monnalisa.it
Mahlzeiten: Frühstück
Preise: €€€–€€€€
Geschlossen: nie

Der Eingang an der Rückseite eines überdachten
Geländes, das sich vom Borgo Pinti zum Palazzo hin öffnet, ist so
diskret wie das Hotel selbst. Im Erdgeschoss befindet sich ein Labyrinth von Zimmern mit dorischen und korinthischen Säulen, die
reich verzierte Holzdecken tragen. Durch Bleiglasfenster fällt vom
Garten her Licht ein. Alte Terrakottaböden führen von einem Raum
zum nächsten. Die familieneigene Gemäldesammlung in den Gemeinschaftsräumen lockert die Atmosphäre auf. Der Garten, in dem
bei gutem Wetter das Frühstück serviert wird, ist ein besonderer
Vorzug in dieser überlaufenen Stadt. Einige der mit schwerem Mobiliar eingerichteten Zimmer haben Terrassen mit Blick auf das
grüne Paradies.

Orto dei Medici
Stadthotel

Via San Gallo 30, 50129 Firenze

Tel (055) 483427
Fax (055) 461276
E-Mail hotel@ortodeimedici.it
Website www.ortodeimedici.it
Mahlzeiten: Frühstück
Preise: €€–€€€
Geschlossen: nie

Aus dem nahe der Piazza
San Marco gelegenen Hotel Splendor wurde das Orto dei Medici,
doch außer dem Namen hat sich wenig geändert. Es bietet für einen
überraschend günstigen Preis elegante Räume mit Deckenfresken,
Kronleuchtern und Marmorbüsten. Der Frühstücksraum im ersten
Stock, in dem ein üppiges Büfet bereitgestellt wird, ist schön vertäfelt. Von hier bietet sich durch die hohen Fenster ein Blick auf die
Terrasse mit weißen Sonnenschirmen und weiter auf das Kloster San
Marco, dessen Zellen von Fra Angelico ausgemalt wurden. Brokattagesdecken schmücken die funktional eingerichteten Zimmer.

FLORENZ

Palazzo del Borgo
Stadthotel

Via della Scala 6, 50123 Firenze

Tel (055) 216237
Fax (055) 280947
E-Mail info@hotelaprile.it
Mahlzeiten: Frühstück, Snacks
Preise: €€–€€€
Geschlossen: nie

Das bisherige Hotel Aprile wurde kürzlich in Palazzo del Borgo umbenannt, obwohl kein Besitzerwechsel stattfand. Das Gebäude war zu Zeiten der Medici an einer Straße erbaut worden, die von der Piazza Santa Maria Novella wegführt. Allerdings hätte man neben der Namensänderung aus dem architektonischen Erbe mit einer stilvolleren Renovierung mehr machen können. Immerhin gibt es noch Deckengewölbe, einen schattigen Innenhof (in Florenz immer ein besonderer Pluspunkt) und von den bereits renovierten Zimmern einen Blick auf die Kirche Santa Maria Novella. Die Preise sind nicht wesentlich gestiegen.

The Regency
Stadthotel

Piazza Massimo d'Azeglio 3,
50121 Firenze

Tel (055) 245247
Fax (055) 2346735
E-Mail info@regency-hotel.com
Website www.regency-hotel.com
Mahlzeiten: Frühstück, Mittag-
und Abendessen
Preise: €€€
Geschlossen: nie

Das etwas außerhalb des historischen Stadtkerns gelegene Hotel bietet als absoluten Pluspunkt einen schattigen Garten, wo bei gutem Wetter auf der Veranda gespeist werden kann. Der vertäfelte Speisesaal des Restaurants »Le Jardin«, das für seine exquisiten Gerichte bekannt ist, weist prunkvolle Spiegel und alte Buntglasfenster auf. Auf manche Gäste mag der opulente, luxuriöse Einrichtungsstil eher erdrückend wirken. Ursprünglich für hohe Beamte und Regierungsmitglieder erbaut, bietet das Hotel Ausblicke auf die hübsche Piazza d'Azeglio. Die intimen Gemeinschaftsräume und die Zimmer sind elegant eingerichtet.

FLORENZ

La Residenza
Stadthotel

Via Tornabuoni 8, 50123 Firenze

Tel (055) 284197
Fax (055) 284197
E-Mail
info@laresidenzahotel.com
Mahlzeiten: Frühstück,
Abendessen • **Preise:** €–€€
Geschlossen: nie

Die Via Tornabuoni, an der
das Hotel liegt, ist eine der
angesagtesten, elegantesten Einkaufsstraßen Italiens, wenn nicht gar
Europas. Mit einem hier gekauften Paar Schuhe könnte man unter
Umständen fünfmal im La Residenza übernachten. Somit sollte man
hier nicht allzu viel an Chic erwarten, sondern sich an der ganz eigenen, aber freundlichen Atmosphäre, an der mit Blumen geschmückten Dachterrasse und an dem guten Preis-Leistungsverhältnis erfreuen. Das Gebäude geht auf das 14. Jh. zurück und ist in
der zweiten Generation im Besitz der Familie Giacalone, die sich
sehr um ihre Gäste bemüht.

Silla
Gästehaus in der Stadt

Via dei Renai 5, 50125 Firenze

Tel (055) 2342888
Fax (055) 2341437
E-Mail hotelsilla@tin.it
Website www.hotelsilla.it
Mahlzeiten: Frühstück
Preise: €€–€€€
Geschlossen: 2 Wochen im
Dezember

Das Silla liegt in dem mit-
telalterlichen Bezirk San Niccolo, einer ruhigen Wohngegend südlich des Arno; zu den Hauptsehenswürdigkeiten des Zentrums sind
es zehn Minuten zu Fuß. Die typische altmodische *pensione*, die es
in Florenz nur noch selten gibt, nimmt den ersten Stock eines Pala-
zzos aus dem 16. Jh. ein. Die Gemeinschaftsräume sind ruhig und
elegant. Von der Veranda bietet sich ein Ausblick über den Arno auf
die berühmte Skyline mit Brunelleschis Domkuppel. Die geräumigen Zimmer sind mit Klimaanlage und Minibar ausgestattet, allerdings mögen die Tapeten für manchen Geschmack zu aufdringlich
sein.

FLORENZ

Villa Belvedere
Vorstadthotel

Via Benedetto Castelli 3, 50124
Firenze

Tel (055) 222501/502
Fax (055) 223163 • **E-Mail**
reception@villa-belvedere.com
Mahlzeiten: Frühstück, Snacks
Preise: €€–€€€
Geschlossen: Dezember bis
Februar

Das Gebäude, das Ausblicke auf Florenz bietet, ist rein vom Äußeren nicht gerade ein architektonisches Juwel, nach einem anstrengenden Stadtrundgang aber ein angenehmer Rückzugsort. Es steht auf dem Hügel von Poggio Imperiale, jenseits der Porta Romana, des alten Stadttors, und ist von Bäumen und einem gepflegten Park mit einem Swimmingpool und einem Tennisplatz umgeben. Die großen, mit frischen Blumen geschmückten Zimmer sind wie die Gemeinschaftsräume funktional, aber komfortabel eingerichtet, die Betten mit guten Matratzen und schöner Bettwäsche ausgestattet.

Villa Liberty
Stadthotel

Viale Michelangiolo 40, 50125
Firenze

Tel (055) 6810581
Fax (055) 6812595
E-Mail
info@hotelvillaliberty.com
Mahlzeiten: Frühstück
Preise: €€€
Geschlossen: nie

Die in einiger Entfernung vom Zentrum in einem attraktiven Stadtteil mit kleinen Geschäften und Restaurants gelegene Villa stammt aus der Zeit um 1900. Sie ist mit Jugendstil-Spiegeln, -Glasmalereien, -Lampen und schmiedeeisernem Kunsthandwerk ausgestattet. Die schönsten Zimmer weisen Deckenbalken oder Deckenfresken auf. Ein reizender, schattiger Garten und Tennisplätze befinden sich in Reichweite. Es gibt zudem eine Snackbar und eine Privatgarage. Man sollte nach einem zum Garten hinausgehenden Zimmer fragen, denn auf dem Viale Michelangiolo ist bis spät in die Nacht hinein viel Verkehr.

FLORENZ

GALLUZZO

La Fattoressa
Gut mit Gästezimmern

Via Volterrana 58, Galluzzo, 50124
Firenze

Tel & Fax (055) 2048418
E-Mail fattoressa@intervos.com
Website www.intervos.com/
fattoressa
Mahlzeiten: Frühstück
Preise: €€
Geschlossen: nie

Das La Fattoressa ist ideal
für Gäste, die den ganzen Tag in Florenz, die Nacht aber in ländlicher Umgebung verbringen möchten. Die Zimmer, wahlweise in der alten casa colonica oder in umgebauten Nebengebäuden, sind schlicht eingerichtet, sauber und bequem. Es besteht eine Busverbindung ins Zentrum, sodass man sich die Fahrt mit dem Auto und die Parkplatzsuche in Florenz getrost ersparen kann. La Fattoressa ist ein von der energiegeladenen, freundlichen Signora Fusi geleiteter Landwirtschaftsbetrieb, dessen Produkte tagtäglich auf den Tisch kommen. Er liegt in der Nähe des Kartäuserklosters von Galluzzo.

GREVE IN CHIANTI

La Camporena
Bauernhaus mit Gästezimmern

Via Figlinese 27, Greve in Chianti,
50022 Firenze

Tel (055) 853184, 8544765
Fax (055) 8544784
E-Mail grituristanna@
lacamporena.com
Mahlzeiten: Frühstück, Abendessen • **Preise:** €
Geschlossen: nie

Das auch als Agriturismo
Anna betriebene Gut liegt drei Kilometer außerhalb von Greve in Chianti an der Straße nach Figline. Eine von Bäumen gesäumte Auffahrt führt zum Gutshaus auf einem Hügel, der Panaromablicke auf das Chianti-Classico-Gallo-Nero-Gebiet gestattet, in dem neben Weinreben auch Olivenbäume das Bild beherrschen. Die Ausstattung ist einfach und bescheiden mit rustikalen Möbeln und unverputzten Wänden. Auch ein reizender Garten mit Terrasse und Swimmingpool sowie ein Restaurant, in dem selbst produzierte Produkte verarbeitet werden, stehen den Gästen zur Verfügung.

FLORENZ

Castello Vicchiomaggio

Umgebaute Burg

Greve in Chianti, 50022 Firenze

Tel (055) 854079
Fax (055) 853911
E-Mail vicchiomaggio@vicchiomaggio.it
Website www.vicchiomaggio.it
Mahlzeiten: Frühstück, Mittag- und Abendessen • **Preise:** €–€€€
Geschlossen: nie

Auf einem Hügel inmitten eines berühmten Weinguts steht dieses Hotel und bietet Ausblicke auf die typische Chianti-Landschaft mit Weinreben, Olivenbäumen und Zypressen. Besitzer und Betreiber sind Paola und John Matta. Das Castello ist eines der am geschichtsträchtigsten und am besten erhaltenen toskanischen Burgen, dessen Wurzeln bis ins 5. Jh. zurückreichen. Im Inneren beeindrucken die Dimensionen des dadurch vielleicht etwas unpersönlichen Komplexes, was gleichermaßen auf die Selbstversorger-Appartements zutrifft. Es gibt auch einen riesigen überwölbten Speisesaal und einen Garten mit einem Swimmingpool. Übrigens war hier Leonardo da Vinci zu Gast, als er die Mona Lisa malte.

Albergo del Chianti

Stadthotel

Piazza G. Matteotti 86, Greve in Chianti, 50022 Firenze

Tel (055) 853763
Fax (055) 853764
E-Mail info@albergodelchianti
Website
www.albergodelchianti.it
Mahlzeiten: Frühstück, Mittag- und Abendessen
Preise: € • **Geschlossen:** November

Die lockere, freundliche Atmosphäre und ein herrlicher Swimmingpool sind die Vorzüge dieses einfachen Hotels, das an Greves Hauptplatz liegt. Der große Eingangsbereich dient gleichzeitig als Rezeption, Bar, Aufenthalts- und Frühstücksraum. Solide toskanische Gerichte werden entweder in der traditionell eingerichteten Trattoria oder auf der hinteren Terrasse serviert. Die Zimmer sind zwar individuell, doch funktional eingerichtet. Greve in Chianti, 25 Kilometer sowohl von Siena als auch von Florenz entfernt, gilt als Hauptort der Chianti-Region und ist somit ein idealer Ausgangspunkt für einen mit Wein verbundenen Aufenthalt.

FLORENZ

Il Burchio
Reiterhof

Via Poggio al Burchio 4, Incisa
Valdarno, 50064 Firenze

Tel (055) 8330124
Fax (055) 8330234
Website www.ilburchio.com
Mahlzeiten: Frühstück, Mittag-
und Abendessen
Preise: €–€€
Geschlossen: Ende Oktober bis
Ende März

Il Burchio (ein Club Ippico, also ein Reiterhof), der über eine unbefestigte Straße erreicht werden kann, ist ein familiengeführtes, ungezwungenes Gästehaus in rustikalem Stil: gekalkte Wände, Terrakottaböden, schmiedeeiserne Betten, Holzmöbel und jede Menge
geblümter Stoffe. Hier steht naturgemäß das Reiten im Mittelpunkt
(den Gästen stehen etwa 20 Pferde und qualifizierte Reitlehrer zur
Verfügung), aber es gibt auch einen Pool mit Hydromassage sowie
einen Golf- und Tennisplatz in der Nähe; außerdem werden von
dem Club Weinproben, Mountainbike-, Gastronomie- und Kunsttouren organisiert. Die traditionellen toskanischen Mahlzeiten werden gemeinsam eingenommen.

Fattoria Rignana
Ländliches Gästehaus

Rignana, Badia a Passignano,
Greve in Chianti, 50022 Firenze

Tel (055) 852065
Fax (055) 8544874
E-Mail rignana@tuscany.net
Mahlzeiten: Frühstück
Preise: €
Geschlossen: November bis März

Nach der reizenden Badia a
Passignano wird aus der Schnellstraße nach Florenz eine lange, unbefestigte Straße, die durch eine ursprüngliche Chianti-Landschaft
mit Weingärten und Olivenhainen zu diesem Komplex aus Steinhäusern und einer Villa aus dem 18. Jh. führt. Das Gut selbst geht
auf das 11. Jh. zurück, als Rignana eine Burg an der Grenze zwischen
Florenz und Siena war. Hier wird Wein und Olivenöl produziert.
Die gastfreundlichen Besitzer Cosimo Gericke und Sveva Roscco di
Torrepadula bieten Übernachtung mit Frühstück entweder in den
vier Doppelzimmern der Villa oder den sieben der *fattoria* an. Ein
bezaubernder Swimmingpool wird von Olivenbäumen umgeben.

FLORENZ

Fattoria di Petrognano
Ländliches Gästehaus

Via di Petrognano 40, Pomino, Rufina, 50060 Firenze

Tel (055) 8318812/867
Fax (055) 242918
E-Mail lagoria@dada.it
Mahlzeiten: Frühstück, Mittag- und Abendessen • **Preise:** €
Geschlossen: November bis Ostern

In traumhafter Lage in den Rufina-Bergen inmitten der berühmten Weinregion Pomino gelegen, ist dieses Gästehaus genau das Richtige für alle, die eine lockere, familiäre Atmosphäre und atemberaubende Ausblicke schätzen. Das Landgut mit seinem Gutshaus aus dem 16. Jh. gehörte einst den Bischöfen von Fiesole und wurde 1864 an die Familie Galeotti Ottieri della Ciaja verkauft, in deren Besitz es noch heute ist. Die schön eingerichteten acht Appartements sind in restaurierten Gebäuden untergebracht. Das Essen wird im umgebauten Stall am langen Gemeinschaftstisch serviert. Den Gästen steht auch ein Pool und Tennisplätze zur Verfügung. Mit dem Regionalzug sind es nur 20 Minuten nach Florenz.

La Ginestra
Appartements in Bauernhäusern

Via Pergolato 3, San Casciano, 50026 Firenze

Tel & Fax (055) 8249245
E-Mail laginestra@ftbcc.it
Website www.laginestra.org
Mahlzeiten: Mittag- und Abendessen • **Preise:** €€
Geschlossen: nie

Dieser Agriturismo-Betrieb inmitten des Chianti-Weinbaugebiets liefert die Bioprodukte für das eigene Restaurant. Übernachtet werden kann in zwei Bauernhäusern, eines mit einfachen, rustikal eingerichteten Appartements, im anderen kommen Gruppen bis zu 13 Personen unter. Angesichts der abgeschiedenen Lage inmitten von Zypressenhainen und Eichenwäldern ist Ruhe garantiert. Trotzdem wird keine Langeweile aufkommen, denn es werden Kochkurse und Mountainbike-Touren angeboten, und Florenz und Siena sind mit dem Auto problemlos zu erreichen. Im gemütlichen Restaurant in der ehemaligen Scheune werden toskanische und mediterrane Gerichte serviert.

FLORENZ

Villa La Montagnola
Ländliche Villa

Via della Montagnola 110/112,
Strada in Chianti, 50027 Firenze

Tel (055) 858485
Fax (055) 8587003
Mahlzeiten: Frühstück
Preise: €€
Geschlossen: nie

Die imposante Villa aus dem 19. Jh. grenzt an die verkehrsreiche SS 222, bietet aber bezaubernde Ausblicke von ihrer Rückseite. Nach einer kompletten Restaurierung bietet sie nun alle Annehmlichkeiten und modernen Komfort, ohne den Charakter und die Atmosphäre einer traditionellen wohnlichen toskanischen Villa eingebüßt zu haben. Die Zimmer sind groß, luftig und wie das gesamte Gebäude sehr gepflegt. Die Gemeinschaftsräume sind mit polierten Holzmöbeln und einem Sammelsurium von Gemälden ausgestattet. Es besteht die Möglichkeit des Grillens im Freien.

Podere Sovigliano
Ländliches Gästehaus

Via Magliano 9, Tavernelle Val di Pesa, 50028 Firenze

Tel (055) 8076217
Fax (055) 8050770
E-Mail sovigliano@ftbcc.it
Mahlzeiten: Frühstück
Preise: €€
Geschlossen: nie

Von den zwei soliden toskanischen Bauernhäusern mit ihren massiven Mauern und dem altmodischen Taubenschlag geht eine beruhigende Wirkung aus. Sie liegen in hügeliger Landschaft inmitten eines Weingartens nahe Tavernelle und bieten schöne Ausblicke auf das Chianti. Den Gästen stehen neben Swimmingpool und Mountainbikes drei Ein-Bett-Appartements und ein Zwei-Bett-Appartement mit Küche und Wohnzimmer sowie vier Doppelzimmer mit Gemeinschaftsküche und offenem Kamin zur Verfügung. Die Einrichtung ist schlicht, aber funktional mit alten Kleiderschränken und schmiedeeisernen Bettgestellen. Auf dem Gut erzeugte Chianti-Weine, Olivenöl und Honig werden zum Verkauf angeboten.

Florenz

La Volpaia
Bauernhaus mit Gästezimmern

Strada di Vico 3-9, 50050 Vico
d'Elsa, Firenze

Tel (055) 8073063
Fax (055) 8073170
Website www.lavolpaia.it
Mahlzeiten: Frühstück
Preise: €
Geschlossen: nie

Das Val d'Elsa wird bei den
Reisenden langsam genauso
beliebt wie die Chianti-Route, von wo Florenz, Siena, Volterra und
San Gimignano problemlos erreicht werden können. Die quadratische Villa aus dem 16. Jh., ein umgebautes Bauernhaus und ein kleiner Swimmingpool in spektakulärer Lage garantieren einen angenehmen Aufenthalt. Die Zimmer sind schön eingerichtet. Der
Gemeinschaftsraum vermittelt mit seiner interessanten Dekoration,
den harmonisch aufeinander abgestimmten Stoffen und der Beleuchtung die Atmosphäre eines Privathauses. Es besteht die Möglichkeit zum Reiten. Halbpension ist obligatorisch.

GROSSETO

CINIGIANO

Castello di Vicarello
~ Hotel in restaurierter Burg ~

Via Vicarello 1, Cinigiano, 58044 Poggi del Sasso, Grosseto
Tel (0564) 990718 **Fax** (0564) 990718
E-Mail info@vicarello.it **Website** www.vicarello.it

Die beeindruckende Burg von Vicarello aus dem 12. Jh. thront einsam auf einer Felsspitze zwischen dem Meer und dem Monte
Amiata in der südlichen Maremma. Carlo Bacceschi hatte sie zwar
schon in den frühen 1980er Jahren gekauft, aber die Restaurierung
erst vor kurzem beendet. Seine Frau Aurora, die viele Jahre auf Bali
verbrachte, stattete die Burg mit ihrer großartigen Sammlung bali-
nesischer Antiquitäten aus. Drei der geräumigen Suiten befinden
sich in der Burg, zwei weitere auf dem Gelände (eine davon in der
ehemaligen Kapelle). Alle verfügen über offene Kamine und win-
zige, gut versteckte Kücheneinheiten.
Die eindrucksvollen terrassenförmigen Außenanlagen harmonieren
perfekt mit der Landschaft: Rosmarin, Lavendel und Salbei begren-
zen abschüssige Rasenflächen, die Bergseite unterhalb der Burg ist
mit Olivenbäumen und Weinstöcken bewachsen. Zwei Pools und
viele versteckte Ecken mit bequemen Sitzgelegenheiten erlauben
ungestörte Entspannung.
Aurora ist eine fabelhafte Köchin und bäckt täglich frisches Brot
zum Frühstück, das in der riesigen Landhausküche serviert wird.
Auf Nachfrage kocht sie auch für ihre Gäste. Carlos ausgezeichnete
Weine und Olivenöle ergänzen das Angebot an frischen Produkten
aus dem Gemüsegarten.

~

Umgebung: Grosseto (28 km); Siena (40 km) • **Lage:** Abzweigung von der SS 223,
15 km südöstlich von Paganico, nördlich von Cinigiano; Parkplatz • **Mahlzeiten:**
Frühstück; Mittag- und Abendessen auf Nachfrage • **Preise:** €€€€ • **Zimmer:**
6 Suiten, alle mit Bad, alle Zimmer mit Fön • **Anlage:** Aufenthaltsraum, Frühstücksraum, 2 Pools (einer davon beheizt), Garten, Terrassen • **Kreditkarten:** AE,
DC, MC, V • **Behinderte:** nicht geeignet • **Tiere:** auf Nachfrage • **Geschlossen:** nie
Geschäftsführer: Carlo und Aurora Bacceschi-Berti

GROSSETO

Il Pellicano
～ Hotel an der Küste ～

Cala dei Santi, 58018 Porto Ercole, Grosseto
Tel (0564) 858111 **Fax** (0564) 833418
E-Mail Pr@Pellicanohotel.com **Website** www.Pellicanohotel.com

Porto Ercole ist einer dieser mondänen kleinen Hafenorte, wo reiche Römer am Wochenende mit ihren Yachten anlegen. Il Pellicano ist eine elegante, rostbraun gestrichene und von Weinranken bewachsene Villa mit Gärten, die bis zur felsigen Küste reichen; die dortigen flachen Felsen wurden flugs zum »Privatstrand« des Hotels erklärt. Es bietet all den Luxus und die Exklusivität, die man von einem sehr teuren Vier-Sterne-Hotel am Meer erwarten darf, schafft es aber daneben noch, die Atmosphäre und Zwanglosigkeit einer privaten toskanischen Villa zu bewahren.

Antike Möbel in ländlichem Stil heben sich von weißgekalkten Wänden, modischen Sofas in leuchtenden Farben und großen Vasen mit Blumen ab. Das Restaurant lockt mit Fisch und Meeresfrüchten – wenn man die gesalzenen Preise bezahlen kann. Im Sommer wird auf der reizenden Terrasse im Garten serviert oder am Schwimmbad, wo das Antipasti-Buffet Auge und Gaumen kitzelt. Der Service ist tadellos.

Die Schlafzimmer, zum Teil in zweistöckigen Einzelgebäuden gelegen, verbinden Antiquitäten und moderne Stoffe. Sie sind mehrheitlich kühl und geräumig, alle verfügen über eine Terrasse oder einen Balkon.

～

Umgebung: Orbetello (16 km) • **Lage:** 4 km außerhalb des Orts; Parkplatz • **Mahlzeiten:** Frühstück, Mittag- und Abendessen • **Preise:** Zimmer €€€€€ • **Zimmer:** 41; 27 Doppelzimmer, 14 Suiten; alle mit Bad und Dusche, Klimaanlage, Minibar, Telefon, Kabel-TV • **Anlage:** Restaurants, Bars, Aufenthaltsraum; Terrassen; Schönheitszentrum, geheiztes Meerwasserschwimmbad, Tontaubenschießen, Tennisplätze, Reiten, Wasserski • **Kreditkarten:** AE, DC, MC, V • **Behinderte:** Zugang schwierig, jedoch geeignete Zimmer im Erdgeschoss • **Tiere:** nicht erlaubt **Geschlossen:** Nov. bis März • **Sprachen:** Deutsch, Englisch, Französisch, Spanisch **Besitzer:** Roberto Scio

GROSSETO

MONTEMERANO

Villa Acquaviva
Ländliches Hotel

Acquaviva, Montemerano, 58050
Grosseto

Tel (0564) 602890
Fax (0564) 602895 • **E-Mail**
info@relaisvillaacquaviva.com
Mahlzeiten: Frühstück
Preise: €€
Geschlossen: nie

Im Herzen der Maremma, nahe den Thermalquellen und Moorbädern von Saturnio, liegt dieses angenehme familiengeführte Hotel, das früher ein Adelssitz war. Es wurde mit Sorgfalt und Geschmack mit antiken rustikalen Möbeln und hellen Stoffen eingerichtet. Vom Garten mit Schatten spendenden Pinien, Terrasse und Swimmingpool bieten sich Ausblicke auf das auf einem Hügel thronende Städtchen Montemerano. Bei schönem Wetter wird das köstliche Frühstück im Freien serviert. Im Restaurant »La Limonata di Villa Acquaviva« werden, mit Blick auf den Pool, Gerichte aus auf dem Gut erzeugten Produkten und Weine vom gutseigenen Weinberg serviert. Den Gästen steht ein Tennisplatz und Mountainbikes zur Verfügung.

MONTIERI

Rifugio Prategiano
Berghotel

Via Prategiano 45, Montieri,
58026 Grosseto

Tel (0566) 997703
Fax (0566) 997891
Mahlzeiten: Frühstück, Mittag-
und Abendessen • **Preise:** €–€€
Geschlossen: November bis
Ostern

Ein »rifugio« ist normalerweise eine einfach ausgestattete Herberge in den Bergen für müde Wanderer. Der Rifugio Prategiano ist zwar eine einfache Unterkunft, hat neben seiner attraktiven Lage in den Maremma-Bergen noch weit mehr zu bieten: Restaurant, Swimmingpool, Tennis, Mountainbike- und Reitausflüge sowie Canyoning. Selbst in heißen Sommern herrschen hier oben immer angenehme Temperaturen. Die Zimmer sind funktional eingerichtet; es gibt eine Bar, einen Aufenthaltsraum mit hoher Decke und ein Restaurant im Landhausstil mit Kamin, in dem herzhafte Gerichte serviert werden. Der Parco Nationale di Maremma liegt in der Nähe.

GROSSETO

Villa Clodia
Ländliche Villa

Via Italia 43, Saturnia, 58050
Grosseto

Tel (0564) 601212
Fax (0564) 601305
Mahlzeiten: Frühstück
Preise: €
Geschlossen: 9. Januar bis
Februar

Die Villa aus der Zeit um 1900 außerhalb des mittelalterlichen Städtchens Saturnia erstrahlt in makellosem Weiß und wird von ihrem Besitzer, Giancarlo Ghezzi, gut in Schuss gehalten. Sie ist geschickt um einen Kalksteinhang herum gebaut, was auch den Charakter des Interieurs bestimmt. Einige Zimmer haben Zugang zu einer Terrasse, die Ausblicke ins Tal bietet. Frühstück wird in einem lichtdurchfluteten, luftigen Raum serviert. Den Gästen steht ein Swimmingpool in dem gepflegten Garten zur Verfügung. In der Nähe befinden sich Termalquellen, ein Waldgebiet und der Parco Nationale di Maremma.

LIVORNO

Podere Le Mezzelune
~ Gästehaus auf dem Land ~

Mezzelune 126, 57020 Bibbona, Livorno
Tel (0586) 670266 **Fax** (0586) 671814
E-Mail relais@lemezzelune.it **Website** www.lemezzelune.it

Mitte der 1990er Jahre ist Luisa Chiesa Alfieri von Parma in die Toskana gezogen und hat mit ihrem mittlerweile verstorbenen Mann zusammen dieses Bauernhaus mit den dazugehörigen Ländereien gekauft. Der Besitz (sie produzieren auch feines Olivenöl) liegt in der nördlichen Maremma zwischen der Küste und den Hügeln, die an den beliebten Badeort Cecina heranreichen. Dennoch ist er Lichtjahre vom Strandgetümmel entfernt und somit ideal für alle, die wirklich Ruhe und Frieden suchen.
Das Haus wurde mit Naturfarben und viel Holz schön ausgestaltet. Im Erdgeschoss gibt es einen offenen Raum mit riesigem Kamin, großem rustikalem Frühstückstisch und Sitzecken mit Regalen voller Lesestoff. Alles macht einen angenehmen, gemütlichen Eindruck; und aus dem Küchenbereich duftet frisches Gebäck. Die vier einfachen, hellen Zimmer haben Balkendecken, Holzböden, alte schmiedeeiserne Betten, glänzende weiße Badezimmer – und jedes eine eigene Terrasse. Zwei Appartements für Selbstversorger befinden sich in umgebauten Nebengebäuden im Garten. Es gibt weder Fernseher noch Pool im Mezzelune, aber es bestehen Möglichkeiten zum Wandern, Reiten, Bergsteigen sowie zum Genuss von gutem Wein und Essen in der Nähe.

~

Umgebung: Strände (7 km); Cecina (10 km); Volterra (30 km) • **Lage:** 10 km südöstlich von Cecina, an der Straße nach Bibbona, in offener Landschaft; großer Parkplatz • **Mahlzeiten:** Frühstück • **Preise:** €€ • **Zimmer:** 4 Doppelzimmer und 2 Appartements für 2-3 Personen; alle Zimmer mit Dusche, Minibar und Fön **Anlage:** Frühstücksraum, Aufenthaltsraum, Terrassen, Garten, Fahrräder auf Nachfrage • **Kreditkarten:** AE, DC, MC, V • **Tiere:** nicht gestattet • **Behinderte:** keine speziellen Einrichtungen • **Geschlossen:** nie • **Besitzerin:** Luisa Chiesa Alfieri

Lucca

Lucca

Locanda d'Elisa
~ Ländliche Villa ~

Via Nuova per Pisa (SS 12 bis), Massa Pisana, 55050 Lucca
Tel (0583) 379737 **Fax** (0583) 379019
E-Mail info@locandalelisa.com **Website** www.locandalelisa.com

Ein französischer Beamter, der Napoleons Schwester Elisa Baciocchi nach Lucca begleitete, erwarb einst diese Villa aus dem 18. Jh. als persönlichen Wohnsitz. Vielleicht erklärt dies den erkennbar französischen Stil des Hauses, was es einzigartig unter den toskanischen Hotels macht. Als quadratisches, dreistöckiges Gebäude in gedämpftem Blau mit strahlend weiß abgesetzten Fernstern und Simsen steht die Villa direkt hinter einer Abzweigung der Straße zwischen Pisa und Lucca.

Bei der Restaurierung wurde der die Räume erdrückende Empirestil überall in Helligkeit verwandelt. Den Eingangsbereich bildet eine Symphonie in Holz mit geometrischen Parkettböden und Wandpaneelen – große Spiegel schaffen den Eindruck von Weite. Rechts davon befindet sich ein kleines Wohnzimmer mit herrlichen Antiquitäten und Designersofas. Aus dem runden Gewächshaus des 18. Jhs. ist ein romantisches Restaurant entstanden; es bietet ausgezeichnete Gerichte, speziell eine große Auswahl an Fischgerichten. Bei der Einrichtung der Suiten wurde an nichts gespart; sie sind individuell gestaltet mit gestreiften, floralen und geometrischen Mustern, Baldachinbetten und weiteren Antiquitäten. Der prächtige Garten schirmt das Anwesen von der Straße ab.

~

Umgebung: Lucca (3 km); Pisa (15 km) • **Lage:** 3 km südlich von Lucca an der Straße nach Pisa; Parkplatz • **Mahlzeiten:** Frühstück, Mittag- und Abendessen
Preise: €€€€ • **Zimmer:** 10; 1 Doppel- und 1 Einzelzimmer, 8 Suiten, alle mit Bad oder Dusche; alle Zimmer mit Telefon, TV, Klimaanlage, Minibar, Safe und Fön
Anlage: Aufenthaltraum, Restaurant, Garten, Pool • **Kreditkarten:** AE, DC, MC, V
Tiere: kleine Hunde erlaubt • **Behinderte:** einige Zimmer im Erdgeschoss geeignet
Geschlossen: Anfang Jan. bis Anfang Feb. • **Besitzer:** Leonardo Jurlo

LUCCA

PIETRASANTA

Albergo Pietrasanta
~ Stadthotel ~

Via Garibaldi 35, 55045 Pietrasanta, Lucca
Tel (0584) 793726 **Fax** (0584) 793728
E-Mail a.pietrasanta@versilia.toscana.it **Website** www.albergopietrasanta.com

Pietrasanta (»Heiliger Stein«) ist seit langem untrennbar mit der Marmorindustrie verbunden. Die weltberühmten Steinbrüche von Carrara liegen in der Nähe, und die attraktive kleine Stadt beherbergt viele Marmorateliers, Bronzegießereien und eine Subkultur von Künstlern aus aller Herren Länder. Inzwischen ist die Stadt auch für das gehobene Tourismussegment interessant geworden, und das Pietrasanta folgte dieser Entwicklung. Es wurde 1997 in dem eleganten Palast der Barsanti-Bonetti aus dem 17. Jh. eröffnet. Das Innere erinnert an die luxuriösen Herrensitze des Adels: ausgeklügelte Stuckarbeiten, zierliche Fresken, ein Paar einzigartiger Marmorkamine, geräumige Säle und Antiquitäten.

Die gemütlichen, nicht überladenen Schlafzimmer besitzen warme Parkettböden, Lehnstühle, schicke Stoffe und unterschiedliche Farbkombinationen. Beeindruckend sind zudem die ausgeklügelten Extras wie kühle Leinentücher, die vielen Spiegel, die raffinierte Beleuchtung, das Tablett mit *Vin Santo* und Gebäck. Im Stock darunter wird der Wintergarten auch als Frühstücksraum und Bar genutzt, während der Garten mit seinen markanten Palmen im Sommer Kühlung verspricht.

~

Umgebung: Pisa (25 km); Lucca (25 km); Strände (4 km) • **Lage:** Stadtmitte in der Fußgängerzone; Garage • **Mahlzeiten:** Frühstück • **Preise:** €€€€ • **Zimmer:** 19; 1 Einzelzimmer, 8 Doppelzimmer, 10 Suiten, alle mit Bad oder Dusche, TV, Telefon, Minibar, Klimaanlage, Safe • **Anlage:** Frühstücksraum, Wintergarten, Fitnessraum, türkisches Bad, Garten, Bar • **Kreditkarten:** AE, DC, MC, V • **Behinderte:** 2 Zimmer **Tiere:** auf Anfrage • **Geschlossen:** Anfang Jan. bis März • **Sprachen:** Deutsch, Englisch, Französisch • **Geschäftsführer:** Robert Esposito

LUCCA

SANTA MARIA DEL GIUDICE

Villa Rinascimento
∼ Ländliche Villa ∼

Loc. Santa Maria del Giudice, 55058 Lucca
Tel (0583) 378292 **Fax** (0583) 370238

Diese Villa am Hang, fast genau auf halbem Weg zwischen Pisa und Lucca, wirkt zunächst etwas rätselhaft. Rechts steht das ländliche rosa Renaissance-Gebäude aus Ziegeln und Stein mit drei Stockwerken; es hat eine bezaubernde Eckloggia, die von vier aus Ziegeln gemauerten Bogen auf dorischen Steinsäulen umfasst wird. Links schließt sich ein schlichteres, fast nüchternes Bauernhaus an. Verbunden wird das Ganze durch eine lange, gepflasterte Terrasse mit Zitronenbäumchen in Terrakottakübeln; hier wird bei schönem Wetter gefrühstückt.

Innen beherrscht ein einheitlich ländlicher Stil das Bild. Die Aufenthaltsräume liegen hintereinander zur Terrasse hin; sie haben Decken mit Balken oder Ziegelgewölben. Alles ist perfekt renoviert und mit interessanten Stücken (z. B. Teilen einer alten steinernen Olivenölmühle) ausgestattet. Sorgfältig möbliert präsentieren sich die Zimmer mit einigen Antiquitäten und schmiedeeisernen Betten. Manche Bäder sind klein, alle bieten angemessenen Komfort. Etwas oberhalb der Villa gibt es ein Nebengebäude mit moderner ausgestatteten Zimmern und Studios sowie einem Schwimmbad, bei dem die Hanglage geschickt ausgenutzt ist.

∼

Umgebung: Lucca (9 km); Pisa (11 km) • **Lage:** 9 km südwestlich von Lucca auf eigenem Gelände; großer Parkplatz • **Mahlzeiten:** Frühstück, Abendessen • **Preise:** €-€€ • **Zimmer:** 17 Doppelzimmer, alle mit Bad oder Dusche, Telefon, einige mit TV; 8 einfachere Zimmer und 6 Studios (Wochenvermietung ab Samstag) im Nebengebäude • **Anlage:** Aufenthaltsräume, Bar, Restaurant, Schwimmbad **Kreditkarten:** MC, V • **Tiere:** nach Voranfrage • **Behinderte:** 1 Zimmer mit Bad **Geschlossen:** Nov. bis März, Restaurant am Mittwoch • **Sprachen:** Deutsch, Englisch, Französisch, Holländisch • **Besitzerin:** Carla Zaffora

LUCCA

Alle Corte degli Angeli
Burghotel

Via degli Angeli 23, 55100 Lucca

Tel (0583) 469204
Fax (0583) 991989 • **E-Mail**
info@allacortedegliangeli.com
website
www.allacortedegliangeli.com
Mahlzeiten: Frühstück
Preise: €€
Geschlossen: nie

Die wunderschöne, komplett von begehbaren Wallanlagen umgebene Stadt Lucca ist ein idealer Aufenthaltsort, um die Stadt selbst zu erkunden, ans Meer oder in die Bergwelt der Garfagna zu fahren. Das Alle Corte degli Angeli ist eines der wenigen Hotels mit Charme innerhalb der Stadtmauern. Im Erdgeschoss schließt sich an die Rezeption ein kleiner Frühstücksraum an, während sich im Obergeschoss die sechs in Pastelltönen gehaltenen Zimmer befinden. Sie sind nach Blumen benannt, elegant und komfortabel eingerichtet. Die Badezimmer sind mit Jacuzzis ausgestattet.

Pisa

Il Frassinello

~ Bauernhaus ~

Montecatini Val di Cecina, 56040 Pisa
Tel & Fax (0588) 30080
E-Mail ilfrassinello@sirt.pisa.it **Website** www.ilfrassinello.com

Die schlechte, nicht asphaltierte Straße von Montecatini nach Il Frassinello nimmt kein Ende und ist nichts für Ungeduldige. Dafür erwartet Sie vollkommene Abgeschiedenheit, sobald Sie am Ziel von Signora Schlubach begrüßt werden; sie hat beschlossen, sich hier zur Ruhe zu setzen und will »nicht zu viel Betrieb«.

Wenn je ein Platz von seinem Besitzer geprägt wurde, dann dieses Haus. Die schönen, geräumigen Innenräume sind möbliert mit dem Ergebnis lebenslanger Sammlertätigkeit auf fünf Kontinenten. Zebrafelle auf den Fußböden, ausgestopfte Schädel von mindestens vier verschiedenen Antilopen, ein Bronzeengel über der Küchentür. Es gibt drei Zimmer im Hauptgebäude. In einem anderen Gebäude sind vier große Appartements untergebracht, alle mit neuen Badezimmern, einer kleinen Küche, eigenem Eingang und eigener Terrasse (Mindestaufenthalt drei Übernachtungen; man kann auch das ganze Haus für zwölf Personen wochenweise mieten).

Die Gäste sollen sich hauptsächlich ausruhen, zum Hirschgehege spazieren oder lesen. Frühstück gibt es in der gemütlichen Küche mit Marmorboden oder unter der mit Glyzinen bewachsenen Pergola.

~

Umgebung: Volterra (23 km) • **Lage:** 5 km von Montecatini Val di Cecina mitten auf dem Land • **Mahlzeiten:** Frühstück, Abendessen nach Wunsch (manchmal) **Preise:** Zimmer €; Appartement €€€€ pro Woche, Ermäßigung bei längerem Aufenthalt, 35 % Anzahlung bei Reservierung • **Zimmer:** 4 Doppelzimmer mit Bad oder Dusche; 4 Appartements • **Anlage:** Wohnraum, Garten, Pool, Reiten, Tischtennis • **Kreditkarten:** keine • **Tiere:** kleine Hunde erlaubt • **Behinderte:** nicht geeignet **Geschlossen:** Okt. bis Ostern • **Sprachen:** Deutsch, Englisch, Französisch, Spanisch • **Besitzerin:** Elga Schlubach

PISA

PISA

Royal Victoria
~ Stadthotel ~

Lungarno Pacinotti 12, 56126 Pisa
Tel 050 940111 Fax 050 940180
E-Mail eds@royalvictoria.it **Website** www.royalvictoria.it

Pisa ist weltweit berühmt für seinen inzwischen nicht mehr ganz so schiefen Turm. Wer in Pisa ein hübsches Hotel sucht, wird aber meist enttäuscht. Eine Ausnahme ist das Royal Victoria in einem Palazzo am nördlichen Ufer des Arno, ein Überbleibsel aus dem goldenen Zeitalter des Reisens. Was das Hotel so außergewöhnlich macht, ist seine mit Patina beladene Atmosphäre und die gebotenen leiblichen Genüsse. Es hat viele Liebhaber, und deshalb wollen wir es hier nicht unerwähnt lassen.

Das Royal Victoria besteht seit 160 Jahren, der Palazzo selbst ist noch viel älter. Die altmodische Eingangshalle ist mit Palmen geschmückt, die Wände zieren gerahmte Briefe einstiger Gäste, darunter Charles Dickens, der Herzog von Wellington und der große Italienreisende Ruskin. In den vergleichsweise spartanisch ausgestatteten Zimmern fallen die klobigen alten Möbel und die nun doch allmählich renovierungsbedürftigen Badezimmer auf. Immerhin sind die Matratzen und Bezüge neu. Außergewöhnlich ist Zimmer 202 mit knarrendem altem Parkett, mittelalterlich wirkenden Trompe l'œil-Fresken und bemalten Möbeln. Dem Frühstücksraum ist ebenfalls diese traumverlorene, zeitlose Atmosphäre zu eigen. Neben mehreren Salons lädt vor allem die begrünte Dachterrasse zum Entspannen bei einem *apertivo* und einem guten Buch ein.

~

Umgebung: Palazzo Reale; Piazza dei Cavalieri; Schiefer Turm • **Lage:** am nördlichen Ufer des Arno, mit Privatgarage und Aufzug • **Mahlzeiten:** Frühstück **Preise:** €€ • **Zimmer:** 48 Doppel- bzw. Zweibettzimmer, alle außer 8 mit Bad oder Dusche; alle Zimmer mit Telefon, TV, Fön auf Anfrage • **Anlage:** Salon, Frühstücksraum, Dachterrasse • **Kreditkarten:** AE, DC, MC, V • **Behinderte:** keine speziellen Einrichtungen • **Tiere:** gestattet • **Geschlossen:** nie • **Sprachen:** etwas Englisch, Französisch • **Eigentümer:** Nicola und Maurizio Piegaja

PISA

Casetta delle Selve
~ Bed & Breakfast auf dem Land ~

56010 Pugnano, Pisa
Tel & Fax (050) 850359

Dank ihrer Besitzerin, Nicla Menchi, einer sehr ungewöhnlichen Gastgeberin, hat die Casetta einen unverwechselbaren Charakter und ist nicht einfach ein weiteres gehobenes Landgut in der Toskana. Die Anfahrt erfolgt durch einen dichten Kastanienwald. Am Ende der 2 km langen Fahrt beginnt der Zauber der friedlichen Umgebung, des blumenübersäten Gartens und der herrlichen Aussicht von der Terrasse zu wirken.

Die Innenausstattung unterscheidet sich sehr vom Üblichen. So werden die meisten Wände von Niclas eigenen Gemälden beherrscht. Das Haus ist außergewöhnlich gut instand gehalten, die mutige und ausdrucksstarke Farbzusammenstellung in den Schlafzimmern schließt außer den Bildern der Besitzerin auch die von ihr selbst hergestellten Teppiche, Bettbezüge und Tagesdecken ein. Die öffentlichen Räume sind zurückhaltender ausgestattet, aber immer noch voller Bilder, Bücher und Nippes. Bei gutem Wetter wird das Frühstück (mit frischen Eiern, selbstgemachten Kuchen und Marmeladen) auf der Terrasse serviert.

Nicla Menchis Enthusiasmus für ihr Haus und ihre Gäste ist ansteckend, und mancher Besucher hat sie als ein Freund verlassen.

~

Umgebung: Lucca (10 km); Pisa (12 km); Strände (15 km) • **Lage:** auf dem Land, 2 km von der SS 12 entfernt, östlich von Pugnano und 10 km südwestlich von Lucca; eigener Parkplatz • **Mahlzeiten:** Frühstück • **Preise:** €€; Mindestaufenthalt 3 Tage • **Zimmer:** 6 Doppelzimmer; alle mit Bad oder Dusche (2 davon sind angrenzend) • **Anlage:** Garten, Terrasse, Aufenthaltsraum • **Kreditkarten:** keine **Behinderte:** nicht geeignet • **Tiere:** erlaubt • **Geschlossen:** nie • **Besitzerin:** Nicla Menchi

PISA

MONTOPOLI

Quattro Gigli
Stadthotel

Piazza Michele da Monti 2,
Montopoli, 56020 Pisa

Tel (0571) 466878
Fax (0571) 466879
E-Mail lodge@aolmaia.com
Mahlzeiten: Frühstück, Mittag-
und Abendessen • **Preise:** €
Geschlossen: 2 Wochen im Nov.

Das bescheidene, aber hübsche Gasthaus liegt an der zentralen Piazza von Montopoli in einem Palazzo aus dem 14. Jh., der früher Sitz des Bürgermeisters war. Es steht seit 1930 unter der Leitung der Familie Puccioni. Das Restaurant ist bekannter als das Hotel. Die Gästezimmer sind funktional eingerichtet, einige bieten Ausblicke über grüne Täler, andere über das Städtchen. Der Gastronomiebetrieb ist im ältesten Teil des Gebäudes untergebracht. Es werden traditionelle Gerichte und eine große Auswahl an Weinen angeboten. Im Sommer wird das Abendessen vom freundlichen Personal auf der von Weinreben umrankten und beschatteten Gartenterrasse serviert. Den Gästen steht auch ein Swimminpool zur Verfügung.

RIGOLI

Villa di Corliano
Ländliche Villa

Via Statale 50, Rigoli, San
Giuliano Terme, 56010 Pisa

Tel (050) 818193
Fax (050) 818341
E-Mail info@villacorliano.it
Mahlzeiten: Frühstück, Mittag-
und Abendessen • **Preise:** €–€€
Geschlossen: nie

Die etwas heruntergekommene Barockvilla aus dem 16. Jh. war der Landsitz einer vornehmen italienischen Familie, bevor der jetzige Eigentümer, Conte Ferdinando Agostini Venerosi della Seta, sie in den 1980er Jahren in ein Hotel umwandelte. Die Gemeinschaftsräume sind mit Fresken des Florentiners Andrea Boscoli, die mythologische Szenen zeigen, mit Kronleuchtern und mit Statuen dekoriert. Die großen Zimmer variieren in Ausstattung und Komfort, nicht alle haben ein Badezimmer. Es herrscht eine gastfreundliche Atmosphäre. Sergio, ein berühmter Pisaner Koch, führt auf dem Gelände ein Restaurant. Von hier aus sind Pisa und Lucca bequem zu erreichen.

Pisa

Volterra

Villa Rioddi
Ländliches Hotel

Rioddi, Volterra, 56048 Pisa

Tel (0588) 88053
Fax (0588) 88074
E-Mail info@hotelvillarioddi.it
Website www.hotelvillarioddi.it
Mahlzeiten: Frühstück
Preise: €
Geschlossen: 10. Januar bis März

Das Hotel liegt an einer Abzweigung der SS 68, die von Volterra Richtung Cecina ans Meer führt. Das Erdgeschoss der Villa aus dem 15. Jh. charakterisieren Steinbogen und -gewölbe über weiten Räumen. Die Anzahl der Zimmer wurde kürzlich von neun auf 13 erhöht. Sie sind zwar hell, luftig und gut ausgestattet, dennoch wenig beeindruckend. Im Garten gibt es einen Swimmingpool, von dem sich ein selbst für toskanische Verhältnisse bezaubernder Panoramablick auf die Umgebung bietet. Eine weitere Ergänzung ist ein Appartement für zwei bis vier Personen, das über eine eigene sonnige Dachterrasse verfügt.

PISTOIA

MASSA E COZZILE

Villa Pasquini
~ Ländliche Villa ~

Via Vacchereccia 56, Margine Coperta, Massa e Cozzile, 51010 Pistoia
Tel (0572) 72205 **Fax** (0572)910888
E-Mail info@villapasquini.com

In der Villa Pasquini fühlt man sich ins 19. Jh. zurückversetzt. Weder die Möblierung noch die Ausstattung hat sich seither wesentlich verändert. Bis vor einigen Jahren verbrachten hier die Pasquinis, eine römische Adelsfamilie, den Herbst. Dann haben die jetzigen Inhaber das Haus gekauft und eine Mischung aus Familiensitz und höchst ungewöhnlichem Hotel daraus gemacht. Obwohl die Villa fast ein Museumsstück ist – einige Salons werden nicht benutzt, sondern nur präsentiert –, ist die Atmosphäre keineswegs muffig.

Die Zimmer sind natürlich alle verschieden, manche wirken mit ihren Himmelbetten sehr nobel. Die Bäder sind altmodisch, aber gut ausgestattet. Einige haben herrliche Trompe-l'oeil-Fresken; man liegt im Bad und schaut auf eine Uferszenerie mit Schwänen und den fernen Bergen. Im prächtigen Speisezimmer werden traditionelle Gerichte serviert – mehrere köstliche Gänge zu günstigem Preis. In den Gärten und auf den Terrassen sind überall Blumen, es gibt Olivenbäume und Palmen; Statuen flankieren das Säulenportal. Man hat einen weiten Blick auf das Valdinierole und die Berge von Pistoia.

~

Umgebung: Florenz; Lucca; Pisa; Montecatini Terme (6 km) • **Lage:** abseits einer kleinen Straße 6 km nördlich von Montecatini Terme auf eigenem Gelände; großer Parkplatz • **Mahlzeiten:** Frühstück, Abendessen • **Preise:** € • **Zimmer:** 12 Doppelzimmer, alle mit Bad oder Dusche • **Anlage:** 2 Aufenthaltsräume, Speiseraum, Terrassen, Garten, Spazierwege • **Kreditkarten:** AE, MC, V • **Tiere:** nicht erlaubt **Behinderte:** einige geeignete Zimmer • **Geschlossen:** 30. Nov. bis 15. März **Sprachen:** Deutsch, Englisch, Französisch • **Besitzer:** Familie Innocenti

PISTOIA

MONTEVETTOLINI

Villa Lucia
∼ Bed & Breakfast im Bauernhaus ∼

Via dei Bronzoli 144, Montevettolini, 51010 Pistoia
Tel (0572) 617790 **Fax** (0572) 628817
E-Mail lvallera@tin.it **Website** www.bboftuscany.com

Lucia Vallera nennt ihr entzückendes Bauernhaus am Hang auch das
»B & B of Tuscany« und führt das Haus entsprechend: Gäste und
Familie leben miteinander, essen zusammen in der typisch toskani-
schen Küche oder an dem riesigen Holztisch im Speisezimmer.
Man spürt einen starken kalifornischen Einfluss beim Kochen wie
auch in dem zurückhaltend eleganten Stil des Ganzen. (Lucia ist
Amerikanerin italienischer Herkunft und nach langem Aufenthalt in
den USA zurückgekehrt.) Es gibt eine Menge Neues und Modernes:
CD-Player, Satelliten-TV, Computer.
Im Speiseraum sind die Schränke mit farbigem Porzellan und Glas
vollgestopft; in dem doppelten Wohnraum stehen bequeme, mit traditionellen Stoffen bezogene Sofas und Sessel sowie Bücherregale.
Die Zimmer sind sehr hübsch, sie haben Kamine, die funktionieren,
Bettdecken aus Patchwork, warmes Licht, Terrakottaböden und
antike Möbel. Die makellosen Bäder sind mit blauen und weißen
Kacheln gefliest. Das Haus steht mitten in einem Olivenhain und hat
einen reizvollen Garten; man sieht hinauf zur alten Stadt Montevettolini.

∼

Umgebung: Montecatini Terme; Lucca; Vinci • **Lage:** am Hang außerhalb von
Montevettolini; Parkplatz • **Mahlzeiten:** Frühstück; Abendessen auf Wunsch
Preise: €€ • **Zimmer:** 5 Doppelzimmer, 2 Appartements für 2 Personen; alle mit
Bad und Dusche, Telefon, TV, Klimaanlage • **Anlage:** Wohnraum, Konferenzraum,
Terrassen, Garten, kleines Schwimmbad • **Kreditkarten:** keine • **Tiere:** erlaubt
Behinderte: keine besonderen Einrichtungen • **Geschlossen:** Nov. bis April
Sprachen: Englisch, Französisch, Spanisch, Deutsch • **Besitzerin:** Lucia Vallera

PISTOIA

Villa Vannini
∽ Ländliche Villa ∽

Villa di Piteccio, 51030 Pistoia
Tel (0573) 42031 **Fax** (0573) 42551
E-Mail info@volpe-uva.it **Website** www.volpe-uva.it

Abseits der ausgetretenen Pfade findet man hier ein wahres Juwel, das anders ist als andere toskanische Villen. Das Haus wirkt beinahe alpenländisch: Tannen ringsum, niedrige Decken, grüne Fensterläden, ein kleiner Uhrturm im Schweizer Stil, dazu meilenweite Spazierwege, die schließlich bis zum Skiort Abetone führen. Für Wanderer ein wahres Paradies.

Man fühlt sich in der Villa wie in einem Privathaus. Am Eingang wird man vom Hund stürmisch begrüßt, mehrere Katzen streichen herum. Der Geruch von brennenden Holzscheiten durchzieht das Haus. Die Gerichte, die in dem reizenden Speisezimmer oder auf der Terrasse serviert werden, sind mit Sorgfalt zubereitet. Auch das Frühstück ist ausgezeichnet, und die Zimmer bieten mehr, als sie kosten; sie haben blanke Parkettböden und sind mit Orientteppichen, Messingbetten und reizenden alten Möbeln und Spiegeln eingerichtet. Obwohl Signora Vannini nicht mehr so oft im Hotel anwesend ist, wird man Ihnen dort immer noch einen herzlichen Empfang bereiten. Die meisten Hotelgeschäfte sowie auch das Kochen haben mittlerweile die Borderones übernommen, ein Ehepaar, das »inspiriert und mit herrlich frischen Zutaten« kocht. Seit der letzten Auflage unseres Toskanaführers erreichte uns eine große Anzahl begeisterter Leserbriefe über das Vannini.

∽

Umgebung: Florenz (35 km); Lucca (45 km); Berge von Pistoia • **Lage:** 6 km nördlich von Pistoia, Straße nach Abetone, dann rechts, das Hotel liegt 2 km oberhalb von Piteccio; Parkplatz • **Mahlzeiten:** Frühstück, Mittag- und Abendessen
Preise: € • **Zimmer:** 8 Doppelzimmer mit Bad • **Anlage:** 2 Aufenthaltsräume, Spielzimmer, Speiseraum, Terrasse • **Kreditkarten:** AE, DC, MC, V • **Tiere:** nicht erlaubt • **Behinderte:** keine besonderen Einrichtungen • **Geschlossen:** nie
Sprachen: Deutsch, Englisch, Französisch • **Besitzer:** Familie Bordonaro

Pistoia

Marzalla
Agriturismo-Appartements

Via Collecchio 1, Pescia,
51017 Pistoia

Tel (0572) 490751
Fax (0572) 478332
E-Mail info@marzalla.it
Website www.marzalla.it
Mahlzeiten: keine
Preise: €€€€
Geschlossen: nie

Dieser familiengeführte Agriturismo-Betrieb liegt wunderschön inmitten der sanften Pistoiese-Hügellandschaft auf einem Weingut, dessen Mittelpunkt eine stattliche alte Villa ist, die von den Eigentümern bewohnt wird. Die sieben Appartements sind in umgebauten Gutsgebäuden untergebracht. Sie weisen Balken und Terrakottaböden auf und sind einfach, aber geschmackvoll in rustikalem Stil ausgestattet, drei davon mit Kamin. Alle haben einen kleinen privaten Garten. Den Gästen stehen in der Nebensaison auch noch drei Doppelzimmer zur Verfügung. Das separat gelegene Restaurant »La Locanda« bietet bekömmliche toskanische Gerichte. Neben Swimmingpool, Tischtennis und Fischteich gibt es in der Nähe Tennisplätze und Reitmöglichkeiten.

PRATO

Fattoria di Bacchereto
~ Ländliches Gästehaus ~

Loc. Bacchereto, Via Fontemorana 179, 59015 Prato
Tel (055) 8717191 **Fax** (055) 8717191
E-Mail fattoriadibacchereto@libero.it **Website** www.tuscany.net/bacchereto

Die Attraktivität der Fattoria di Bacchereto macht vor allem ihre Lage hoch in den steilen Vorbergen des Apennin aus, mitten im berühmten Weingebiet von Carmignano (wo Italiens ältester Wein erzeugt wird). In seiner Abgeschiedenheit, mit wunderschönen Ausblicken ist dieser Landstrich der Toskana ideal für Leute, die Stadtbesichtigungen mit Wanderungen und ländlichem Frieden verbinden wollen.

Man sollte aber keinen Luxus erwarten: Die Fattoria ist ein Bauernhof, wo gearbeitet wird, und die Einrichtungen für die Gäste sind relativ schlicht. Zimmer und Appartements verteilen sich über das Haupthaus, ein weitläufiges Gebäude aus dem 18. Jh. mit Terrassen und gewölbter Loggia, und einfachere Bauernhäuser. Die Zimmer sind mit etwas abgenutzten ländlichen Antiquitäten, von denen einige restauriert werden müssten, ausgestattet. Außerhalb der Villa gibt es Pergolen, einen Ziergarten mit Teich und Brunnen und weiter unten ein kleines Schwimmbad.

Das Frühstück mit hausgemachten Marmeladen wird an einem langen Tisch gleich neben der Küche serviert; die anderen Mahlzeiten kann man in dem ausgezeichneten Restaurant ganz in der Nähe einnehmen.

~

Umgebung: Florenz (20 km); Pistoia (18 km) • **Lage:** 20 km westlich von Florenz bei Carmignano, auf eigenem Gelände; Parkplatz • **Mahlzeiten:** Frühstück
Preise: € • **Zimmer:** 7 Doppelzimmer, einige mit eigenem Bad; 4 Appartements für 4 bis 8 Personen • **Anlage:** Frühstücksraum, Aufenthaltsraum, Gärten, Schwimmbad; Familienrestaurant in der Nähe • **Kreditkarten:** keine • **Tiere:** nach Anfrage
Behinderte: nicht geeignet • **Geschlossen:** nie • **Sprachen:** Englisch, Französisch
Besitzerin: Rossella Bencini Tesi

Prato

Prato

Villa Rucellai
~ Ländliche Villa ~

Via di Canneto 16, 59100 Prato
Tel & Fax (0574) 460392
E-Mail canneto@masternet.it **Website** www.villarucellai.it

Der Industrieort Prato reicht fast bis zur Haustür dieses lieblichen alten Hauses, eine Bahnlinie führt an dem Besitz vorbei; doch all das sollte einen vom Aufenthalt hier nicht abschrecken. Der Ausblick von der Loggia und der reizenden Terrasse mit den vielen Zitronenbäumen ist nicht gerade schön; aber das wird durch die kultivierte Atmosphäre, das herzliche Willkommen und den bescheidenen Preis wettgemacht. Hinter dem Anwesen erheben sich die herrlichen Berge von Prato, die man vom Haus aus zu Fuß erreichen kann. Die Villa Rucellai hatte ihre Anfänge wohl in einem mittelalterlichen Wachturm; die angesehene Familie Rucellai besitzt sie seit 1759. Die Gäste haben Zugang zum ganzen Hauptteil des Hauses mit einer prachtvollen Halle und dem behaglichen Aufenthaltsraum. Das Frühstück nimmt man vom Büffet und sitzt dann rund um den Gemeinschaftstisch in dem gemütlichen Speiseraum. Die Zimmer sind schlicht möbliert, haben aber Charakter; man merkt – und das haben viele Besucher bestätigt –, hier ist ein einfaches, aber gut geführtes Hotel, das nichts anderes sein will als ein gepflegtes Familiendomizil. Es liegen zwei exzellente Restaurants ganz in der Nähe: das »La Fontana« und das »Logli Mario«.

~

Umgebung: Prato (4 km); Florenz (20 km) • **Lage:** in einer kleinen Straße im Bisenzio-Tal, 4 km nordöstlich von Prato (halten Sie sich rechts von Fluss und Eisenbahnschienen; eigenes Gelände und Parkplatz • **Mahlzeiten:** Frühstück **Preise:** € • **Zimmer:** 11; 10 Doppelzimmer, 1 Familienzimmer; alle mit Bad oder Dusche • **Anlage:** Speiseraum, Aufenthaltsraum, TV-Zimmer, Gymnastikraum, Terrasse, Schwimmbad • **Kreditkarten:** DC, MC, V • **Tiere:** nicht erwünscht **Behinderte:** nicht geeignet • **Geschlossen:** nie • **Sprachen:** Englisch, Französisch **Besitzer:** Familie Rucellai Piqué

SIENA

CASTELLINA IN CHIANTI

Belvedere di San Leonino
~ Ländliches Hotel ~

S. Leonino, Castellina in Chianti 53011 Siena
Tel (0577) 740887 **Fax** (0577) 740924
E-Mail info@hotelsanleonino.com **Website** www.hotelsanleonino.com

In den letzten Jahren gibt es einen Tourismus-Boom im Chianti, vor allem zwischen Greve und Siena, und dort besonders in Castellina. Der Grund wird einem schnell klar: Da ist das sanfte Hügelland mit den verstreuten Villen und Kirchen, da sind die großen Kunststädte in Reichweite und außerdem die vielen verlassenen Bauernhäuser. San Leonino ist ein typischer Fall: ein derbes, quadratisches Haus des 15. Jhs. aus hellem heimischem Stein mit Scheune und Ställen. Aus dem Hof ist ein Garten mit Rasen, Blumenbeeten und Terrakotta-Pflaster geworden. Hinter dem Haus, dort wo die Weinhänge beginnen, gibt es eine von Bäumen beschattete Terrasse; das Schwimmbad liegt außer Sichtweite. Das Innere ist mit so viel Sorgfalt restauriert, dass man dem Haus seine 500 Jahre nicht ansieht. Die Wohnbereiche wurden in den Ställen eingerichtet: weite, offene Räume, die von Ziegelbogen überspannt sind. Weniger gefällig ist die Möblierung, die eher in den Warteraum eines Flughafens als in ein toskanisches Bauernhaus passt: Die langen, supermodernen Sofas stören im bäuerlichen Ambiente. Viel gelungener sind die Gästezimmer. Für diese gesuchte Gegend erscheinen die Preise günstig.

Umgebung: Siena (15 km); San Gimignano (30 km); Florenz (50 km) • **Lage:** 15 km nördlich von Siena auf eigenem Gelände; Parkplatz • **Mahlzeiten:** Frühstück, Mittag- und Abendessen nach Wunsch • **Preise:** €€ • **Zimmer:** 28 Doppelzimmer, alle mit Bad oder Dusche, Telefon, Fön • **Anlage:** Aufenthaltsraum, Restaurant, Bar, Terrasse, Gärten, Schwimmbad • **Kreditkarten:** AE, MC, V • **Tiere:** nicht erlaubt **Behinderte:** nicht geeignet • **Geschlossen:** Mitte Nov. bis Mitte März • **Sprachen:** Deutsch, Englisch, Französisch • **Besitzer:** Marco Orlandi

Siena

Castellina in Chianti

Il Colombaio
~ Ländliches Hotel ~

Via Chiantigiana 29, Castellina in Chianti 53011 Siena
Tel (0577) 740444 **Fax** (0577) 740402
E-Mail info@albergoilcolombaio.it **Website** www.albergoilcolombaio.it

Ein neues Beispiel für die vielen ländlichen, typisch toskanischen Hotels rund um Castellina in Chianti; Il Colombaio greift erfolgreich auf ein bewährtes Konzept zurück, und das zu vernünftigen Preisen. Wenn man aus Greve auf der vielbefahrenen Chiantigiana (SS 222) kommt, sieht man rechts das von Wiesen, Sträuchern und Bäumen umgebene Gehöft liegen. Das steinerne Haus mit den toskanischen Ziegeldächern, die in so seltsamen Winkeln zueinander stehen, macht einen freundlichen, weitläufigen Eindruck. Leider steht es ziemlich nah an der Straße. Es ist mit Sorgfalt und Liebe zum Detail restauriert und mit bäuerlichen Möbeln stilsicher eingerichtet. Der Aufenthaltsraum, früher die Küche des Bauernhauses, ist groß und hell und hat geneigte Balkendecken, einen etwas erhöhten offenen Kamin und in der Ecke das alte Steinbecken, in dem jetzt Pflanzen stehen. In einem kleinen Raum mit Deckengewölbe oder auf der Terrasse wird das Frühstück serviert.

Fünfzehn Gästezimmer befinden sich im Hauptgebäude (sechs weitere in einem Haus gegenüber der Straße); sie sind mit schmiedeeisernen Betten und altmodischen Toilettentischen ausgestattet; alle haben moderne Bäder. Es gibt kein Restaurant im Haus, aber etliche gute in der Nähe.

~

Umgebung: Siena (20 km); Florenz (40 km); San Gimignano (30 km) • **Lage:** genau nördlich von Castellina; Parkplatz • **Mahlzeiten:** keine • **Preise:** € • **Zimmer:** 15 Doppelzimmer, alle mit Bad oder Dusche, Telefon, TV, Fön • **Anlage:** Aufenthaltsraum, Frühstücksraum, Garten, Schwimmbad • **Kreditkarten:** AE, DC, MC, V
Tiere: nicht erlaubt • **Behinderte:** zugang möglich • **Geschlossen:** nie
Sprachen: Englisch, Französisch, Deutsch • **Geschäftsführerin:** Roberta Baldini

SIENA

CASTELLINA IN CHIANTI

Palazzo Squarcialupi
⤳ Dorfhotel ⤳

Via Ferruccio, 26 Castellina in Chianti 53011 Siena
Tel (0577) 741186 **Fax** (0577) 740386
E-Mail squarcialupi@tuscany.net **Website** www.tuscany.net/squarcia

Der Palazzo Squarcialupi liegt im Herzen des mittelalterlichen Dorfes Castellina in Chianti. Unserem Tester gefielen die ruhige, freundliche Atmosphäre und die schönen Räume.

Das aus dem 14. Jh. stammende Steingebäude, das einst ein stattliches Bauernhaus war, hat noch die alten Bogenfenster und -türen. Bei der mit Geschmack ausgeführten Renovierung wurde der schlichte bäuerliche Stil bewahrt. Die großen Gästezimmer bzw. Suiten haben weiße Wände und Balkendecken. Es gibt noch einen rustikalen Aufenthaltsraum in gedämpften Naturfarbtönen und ein sehr elegantes, mit Fresken ausgestattetes Zimmer.

Dieses Hotel wird allen Gästen zusagen, die gern die Weine der Gegend ausprobieren wollen. In der Fattoria wird Chianti Classico hergestellt, und im Kellergewölbe stehen die Fässer von »La Castellina«, dem Hauswein, aufgereiht. Die Gäste können die besten Jahrgänge in der Bar, im Weinprobierraum oder auf der großen Terrasse probieren, wo sie einen weiten Blick in die herrliche Landschaft des Chianti genießen können.

⤳

Umgebung: Siena (18 km); Florenz (40 km); San Gimignano (30 km) • **Lage:** im Zentrum mit Blick über das Tal • **Mahlzeiten:** Frühstücksbuffet; kleine Imbisse in der Bar • **Preise:** €€-€€€ • **Zimmer:** 17; 9 Doppelzimmer, 8 Suiten; alle mit Bad oder Dusche, Telefon, TV, Klimaanlage, Minibar • **Anlage:** Frühstücksraum, 2 Aufenthaltsräume, Bar, Terrasse, Garten, Schwimmbad, Weinkeller • **Kreditkarten:** MC, V • **Behinderte:** 2 geeignete Zimmer • **Tiere:** nur kleine Tiere erlaubt **Geschlossen:** Mitte Jan. bis Mitte März • **Sprachen:** Deutsch, Englisch, Spanisch, Portugiesisch • **Besitzer:** Familie Targioni

Siena

Castellina in Chianti

Le Piazze
~ Ländliches Hotel ~

Le Piazze, Castellina in Chianti, 53011 Siena
Tel (0577) 743190 **Fax** (0577) 743191
E-Mail lepiazze@chiantinet.it **Website** www.locandalepiazze.it

Eine willkommene Ergänzung der florierenden Hotellerie in der Gegend von Castellina in Chianti, die manchen Konkurrenten ausstechen kann! Obwohl das Hotel nur 6 km von der belebten Stadt entfernt ist, liegt es vollkommen abgeschlossen auf dem Land. Man fährt über eine lange, ungepflasterte Straße, die einem anfangs schier endlos erscheint, an die man sich aber bald gewöhnt.

Das Hotel ist ein umgebautes Bauernhaus aus dem 17. Jh., aber die Besitzer haben viel Phantasie entfaltet und Sinn für Stil und Eleganz bewiesen. So wird das Frühstück (Büffet) auf gekachelten Anrichten in einem von der Küche durch Glas abgetrennten Raum serviert. Man kann sich auf eine der vielen Terrassen zurückziehen, die das Haus umgeben und alle eine klassische Chianti-Aussicht bieten. In die hier übliche Ausstattung mit Terrakottaböden, Balkendecken und weißem Stuck passen die ländlichen Antiquitäten bestens; interessanterweise ist die Ausstattung durch Stücke aus Indonesien angereichert. Die modernen Bilder in der Bar gefallen vielleicht nicht jedem. Die Zimmer sind sehr individuell gestaltet. Die Zimmer direkt unter dem Dach sind allerdings oft unerträglich warm. Die großen Bäder haben entweder Whirlpools oder riesige Duschen.

~

Umgebung: Castellina in Chanti (6 km); Siena (27 km); Florenz (50 km) • **Lage:** 6 km westlich von Castellina; Parkplatz • **Mahlzeiten:** Mittag- und Abendessen auf Wunsch • **Preise:** €€€ • **Zimmer:** 20 Doppelzimmer, alle mit Bad oder Dusche, Telefon • **Anlage:** Bar, Terrasse, Gärten, Schwimmbad • **Kreditkarten:** AE, DC, MC, V • **Tiere:** ruhige Hunde erlaubt • **Behinderte:** 1 Zimmer mit besonderer Einrichtung • **Geschlossen:** Nov. bis April • **Sprachen:** Deutsch, Englisch, Französisch • **Besitzerin:** Maureen Skelly Bonini

SIENA

Salivolpi
~ Ländliche Pension ~

Via Fiorentina, Castellina in Chianti, 53011 Siena
Tel (0577) 740484 **Fax** (0577) 740998
E-Mail info@hotelsalivolpi.com **Website** www.hotelsalivolpi.com

Das Salivolpi in diesem viel besuchten Teil des Chianti-Gebiets bietet ein unschlagbares Preis-Leistungsverhältnis, so dass viele zufriedene Gäste Jahr für Jahr wiederkommen. Dabei wirkt dieses ländliche Gästehaus keineswegs wie eine billige Unterkunft. Unter den vielen umgebauten Bauernhäusern dieser Gegend empfiehlt es sich nicht nur wegen des Preises, sondern auch wegen seines Schwimmbads und des schönen Geländes mit Blick auf Weingärten und Olivenhaine.

Niedrige, für das Chianti-Gebiet typische steinerne Bauernhäuser sind von Rasen mit Blumenbeeten und Terrakottatöpfen umgeben. Dicke Mauern und Steinfenster halten die heiße Sommersonne ab. Weiße Wände und Weiträumigkeit sorgen dafür, dass man sich nicht eingesperrt vorkommt. Dunkle Fensterstürze geben den Gebäuden Struktur.

Die Ausstattung der Aufenthaltsräume und Zimmer ist ländlich antik mit einigen unaufdringlichen modernen Stücken; die Zimmer im alten Haus sind besonders gediegen. Das Personal sorgt für eine aufmerksame Bedienung. Hier bekommt man nur Frühstück, aber in der Umgebung gibt es mehrere interessante Restaurants.

~

Umgebung: Siena (21 km); San Gimignano (31 km); Florenz (45 km) • **Lage:** 500 m außerhalb der Stadt an der Straße nach San Donato in Poggio; eigenes Gelände; großer Parkplatz • **Mahlzeiten:** Frühstück • **Preise:** € • **Zimmer:** 19 Doppelzimmer, alle mit Bad oder Dusche, Telefon • **Anlage:** Aufenthaltsraum, Frühstücksraum, Gärten, Schwimmbad • **Kreditkarten:** MC, V • **Tiere:** nicht erlaubt • **Behinderte:** keine besonderen Einrichtungen • **Geschlossen:** nie • **Sprachen:** Deutsch, Englisch, Französisch • **Besitzerin:** Angela Orlandi

Siena

Tenuta di Ricavo
∾ Ländliches Hotel ∾

Loc. Ricavo 4, Castellina in Chianti 53011 Siena
Tel (0577) 740221 **Fax** (0577) 741014
E-Mail ricavo@ricavo.com **Website** www.ricavo.com

Das Erfolgsrezept des Tenuta di Ricavo ist wie das der toskanischen Küche: leicht zu beschreiben, aber schwer zu realisieren. Zutaten aus der Region und von höchster Qualität werden einfühlsam und kundig auf klassische Weise gemischt: eine Gruppe kleiner Steinhäuser an einem Hügel, eine aufmerksame schweizerisch-italienische Besitzerin, das wohlerprobte Schema eines ländlichen Hotels im Herzen des Chianti. In der Mitte des Ganzen eine kiesbedeckte Piazza, die durch eine Zypressen- und Sträucherreihe diagonal geteilt wird. Auf einer Seite das Haupthaus mit dem Restaurant, den Aufenthaltsräumen und einigen Zimmern. Auf der anderen Seite der Zypressen die Gebäude des früheren Gutes und die Wohnungen der Bauern in langen, niedrigen Bauten aus Stein und Ziegeln, geziert von Rosen, Geranien und Glyzinen. Das Dörfchen erstreckt sich ziemlich weit, so dass sich die Gäste gewiss nicht zu nahe kommen. Möblierung und Ausstattung genügen höchsten Ansprüchen. Die Zimmer im Haupthaus sind größer und förmlicher; die anderen wirken individueller, viele haben Terrassen mit Blick ins Tal. Es gibt zwei Schwimmbäder. Eines der schönsten Hotels der Chianti-Region; dazu ein erstklassiges Restaurant.

Umgebung: Castellina in Chianti (3 km); Siena (22 km); Florenz (45 km) • **Lage:** 3 km nördlich von Castellina; Parkplatz • **Mahlzeiten:** Frühstück, Mittagessen (im Sommer) und Abendessen • **Preise:** €€€, 3 Tage Mindestaufenthalt in der Hochsaison • **Zimmer:** 23; 2 Einzelzimmer, 13 Doppelzimmer, 8 Suiten, alle mit Bad oder Dusche, Telefon, Safe, Minibar • **Anlage:** Bar, Restaurant, Terrasse, 2 Schwimmbäder • **Kreditkarten:** MC, V • **Tiere:** nicht erlaubt • **Behinderte:** einige Zimmer im Erdgeschoss • **Geschlossen:** Nov. bis Ostern; Restaurant So **Sprachen:** Deutsch, Englisch, Französisch • **Besitzerin:** Cristina Lobrano-Scotoni und Alessandro Lobrano

Siena

Castelnuovo Berardenga

Relais Borgo San Felice

~ Hotelanlage auf einem Hügel ~

Loc. Borgo San Felice, Castelnuovo Berardenga 53019 Siena
Tel (0577) 359260 **Fax** (0577) 359089
E-Mail info@borgosanfelice.it **Website** www.borgosanfelice.com

Borgo San Felice ist zwar größer als die meisten hier beschriebenen Anlagen, aber der sorgfältig renovierte Weiler auf dem Hügel wirkt wie eine Ansammlung reizender kleiner Hotels. Das stille, von Zypressen und den Weinhängen des bekannten Gutes San Felice umgebene Dörfchen wirkt, als sei die Zeit hier stehen geblieben. Kein grelles Neonlicht, keine Autoschlangen. Nur auf echt toskanische Art proportionierte Räume in Gestalt einfacher Ziegel- und Steinhäuser, die von einem Gewirr aus Terrakottadächern bekrönt sind. Sogar das Schwimmbad (das ja auch wie eine klaffende blaue Wunde wirken könnte) ist diskret versteckt.

Kieswege, steinerne Brunneneinfassungen, Pergolen, Zitronenbäume in riesigen Terrakottatöpfen, eine Kirche, ein Glockenturm und eine Kapelle – hier ist Toskana in Reinkultur!

Alle ursprünglichen Elemente der einzelnen Gebäude sind bewahrt: Ziegelgewölbe, mächtige Kamine, alte gefliste Fußböden; die Möbel eine geschmackvolle Mischung aus Alt und Modern. Im Wohnraum gibt es behagliche Nischen. Ein elegantes Restaurant vervollständigt die Szenerie. Die Anlage erfüllt höchste Ansprüche, aber auch die Preise sind entsprechend hoch.

Umgebung: Siena (21 km) • **Lage:** ein früheres Gutsdorf; 17 km nordöstlich von Siena; Parkplatz • **Mahlzeiten:** Frühstück, Mittag- und Abendessen • **Preise:** €€€€ • **Zimmer:** 43; 15 Suiten, 24 Doppelzimmer, 4 Einzelzimmer; alle mit Bad oder Dusche, Telefon, Minibar, Klimaanlage, Fön, TV • **Anlage:** Schwimmbad, Tennisplätze, Bowlingbahn, Billardraum, Konferenzräume, Aufenthaltsräume, Beauty-Center, Fitnessraum • **Kreditkarten:** AE, DC, MC, V • **Tiere:** nicht erlaubt **Behinderte:** Zugang schwierig • **Geschlossen:** Nov. bis April • **Sprachen:** Deutsch, Englisch, Französisch, Spanisch • **Geschäftsführerin:** Birgit Fleig

Siena

Castelnuovo Berardenga

Villa Curina
~ Ländliche Villa ~

Loc. Curina, Castelnuovo Berardenga, 53019 Siena
Tel (0577) 355586 **Fax** (0577) 355412
E-Mail info@villacurina.itE-Mail **Website** www.villacurina.it

Eine lebendige, heitere Atmosphäre herrscht in dieser Hotel- und
Appartement-Anlage im sanften Hügelland nördlich von Siena. Bei
unserem Besuch hatten viele Gäste ihren Spaß im Schwimmbad,
spielten Tennis oder machten Radausflüge.
Die Hauptvilla, ein großer cremefarbener Bau aus dem 18. Jh., ist
von Ziergärten und Bäumen umgeben und beherbergt außer Gästezimmern auch die Hauptaufenthaltsräume. Die meisten der drei-
zehn Appartements befinden sich in drei alten steinernen ehemaligen Bauernhäusern; mit Siena-Ziegeln belegte Wege verbinden sie.
Die Möbel in den Zimmern sind schwer und rustikal, aber alles ist
bequem und gut beleuchtet. Im hübschen Restaurant mit weiß ver-
putzten Wänden und wuchtigen Ziegelgewölben werden frische
Produkte vom Gut und dazu eigener Wein und Grappa serviert.
Von Blumen überquellende Gartenterrassen und Buchsbaumhecken säumen den Weg hinab zum Schwimmbad und dem großen,
mit Terrakotta gefliesten Solarium. Wer lieber lesen oder den schönen Blick genießen möchte, hält sich auf der stilleren, schattigen
Kiesterrasse an der Rückseite auf.

~

Umgebung: Castelnuovo Beradenga (6 km); Siena (20 km); Florenz (80 km)
Lage: 6 km westlich von Castelnuovo Berardenga auf eigenem Gelände; großer
Parkplatz • **Mahlzeiten:** Frühstück, Abendessen • **Preise:** €–€€ • **Zimmer:** 15 Dop-
pelzimmer, alle mit Bad oder Dusche, Telefon, TV; 12 Appartements für 2-6 Per-
sonen • **Anlage:** Restaurant, Terrasse, Gärten, Fahrräder, Schwimmbad, Tennis
Kreditkarten: MC, V • **Tiere:** keine • **Behinderte:** keine besonderen Einrichtungen
Geschlossen: Nov. bis März/April • **Sprachen:** Deutsch, Englisch, Französisch
Geschäftsführer: Franco Sbardelati

SIENA

CETONA

La Frateria

~ Ehemaliges Kloster ~

Convento di San Francesco, Cetona, 53040 Siena
Tel (0578) 238015 **Fax** (0578) 239220
E-Mail frateria@fbcc.it **Website** www.mondox.it

La Frateria wirkt in diesem Führer ziemlich fremd; es ist eigentlich kein Hotel, aber doch ein Ort der Gastlichkeit. Geführt wird es von einer Gemeinschaft, die sich von der Welt zurückgezogen hat. Die Gebäude liegen auf einem Hügel, sind in hellem, goldfarbenem Stein erbaut und um eine Kirche, die der heilige Franziskus im Jahre 1212 gegründet hat, gruppiert; sie bilden einen weitläufigen Komplex und sind von terrassierten Gärten umgeben. Da nur fünf Zimmer und zwei Suiten vermietet werden, ist auch das ausgebuchte Haus noch ein Ort der Zurückgezogenheit und Meditation. Es gibt kein Schwimmbad und kein Fernsehen.

Das hört sich zwar sehr asketisch an, aber das Ganze entspricht in seiner Ausstattung durchaus einem Hotel der Spitzenklasse: anspruchsvolle ländliche Antiquitäten, Gemälde und farbige Holz-schnitzereien (meist mit religiöser Thematik), geräumige Zimmer mit Steinmauern und Stuckzierat. Das Restaurant ist anspruchsvoll und teuer; es bietet eine Mischung aus raffinierter und herzhafter Küche mit frischen Produkten aus den Gärten und Wein aus dem eigenen Keller.

Wer durch das Kloster mit Kirche, Kapelle, Kreuzgängen und Höfen wandert, die Blumenfülle und die Stille genießt, kommt gern wieder.

~

Umgebung: Montepulciano (26 km); Montalcino (64 km) • **Lage:** restauriertes Kloster, 26 km südlich von Montepulciano; Parkplatz • **Mahlzeiten:** Frühstück, Mittag- und Abendessen • **Preise:** €€€ • **Zimmer:** 7; 5 Doppelzimmer, 2 Suiten, alle mit Bad oder Dusche, Telefon, Klimaanlage, Minibar, Fön • **Anlage:** Aufent-haltsräume, Restaurant, Terrasse, Garten • **Kreditkarten:** AE, MC, V • **Tiere:** nicht erlaubt • **Behinderte:** keine besonderen Einrichtungen • **Geschlossen:** Jan.; Restaurant Dienstag (nur im Winter) • **Sprachen:** Englisch • **Geschäftsführerin:** Maria Grazia Daolio

Siena

La Foce

~ Appartements auf dem Land ~

Strada della Vittoria 63, 53042 Chianciano Terme, Siena
Tel & Fax (0578) 69101
E-Mail info@lafoce.com **Website** www.lafoce.com

Wer die Schriften von Iris Origo kennt, wird besonders neugierig auf La Foce sein, das Gut, dessen Schicksal während des Zweiten Weltkriegs in ihrem Buch »Krieg im Val d'Òrcia« so lebendig beschrieben ist. Iris starb 1988, ihre Familie lebt jedoch weiterhin auf dem Grundstück in diesem abgelegenen, wildromantischen Teil der Toskana und bewirtschaftet den Bauernhof.

Einige der Gebäude des weitläufigen Guts wurden in Selbstversorgerapartments der gehobenen Kategorie umgewandelt, von der reizenden Bersagliere für zwei Personen bis zum noblen Montauto, das 10 Gäste beherbergt und einen eigenen Garten mit kleinem Pool besitzt.

Das Mobiliar in allen der komfortablen Appartements besteht aus ausgewählten, geschmackvollen Stücken im ländlichen Stil; neben vielen antiken wurden einige wenige moderne Möbel hinzugefügt. Überall bestimmen kräftige Farben den Gesamteindruck, durch leuchtende Teppiche, Kissen und fröhliche Stoffmuster. Jedes Appartement verfügt über ein eigenes Stück Garten und hat Anspruch auf die Benutzung des Swimmingpools. Musikfreunde werden sich auf das ausgezeichnete Kammermusikfestival freuen, das alljährlich im Juli auf dem Grundstück stattfindet.

~

Umgebung: Pienza (20 km); Montepulciano (10 km) • **Lage:** 5 km südwestlich von Chianciano Terme Richtung Monte Amiata; Parkplatz • **Mahlzeiten:** Abendessen auf Anfrage • **Preise:** € für ein 2-Personen-Appartement, pro Woche buchbar **Zimmer:** 9 Selbstversorgerapartments bzw. -häuschen für 2-14 Personen; alle mit Bad und Dusche, Telefon • **Anlage:** Swimmingpools, Tennisplätze, Spielplatz, Terrasse, Garten • **Kreditkarten:** MC, V • **Behinderte:** 2 geeignete Zimmer • **Tiere:** nicht erlaubt • **Geschlossen:** nie **Sprachen:** Deutsch, Englisch, Französisch **Besitzerinnen:** Benedetta und Donata Origo

Siena

Gaiole in Chianti

Badia a Coltibuono

.~ Umgebautes Kloster ~.

Badia a Coltibuono, 53013 Gaiole in Chianti, Siena
Tel (0577) 74481 **Fax** (0577) 749235
E-Mail badia@coltibuono.com **Website** www.coltibuono.com

Die völlig abgeschieden auf einem Berg im Chianti gelegene Badia (Abtei) a Coltibuono wurde 1041 von Benediktinermönchen gegründet. Vorfahren der jetzigen Eigentümer hatten das Anwesen Mitte des 19. Jhs. erworben. Heute betreibt das erfolgreiche Familienunternehmen hier den Handel mit Wein und Olivenöl, ein Restaurant, eine Kochschule und seit kurzem dieses Hotel.

Aus den Mönchszellen im früheren Kreuzgang sind geräumige Zimmer mit wunderbarem Ausblick entstanden. Schön ausgestattet mit Antikmöbeln der Familie (eines mit einer bezaubernden Biedermeier-Gruppe), Bildern und hübschen Stoffen, wirken sie eher gemütlich als vornehm. Die Badezimmer muten durch alte Fliesen und schnörkelige Armaturen altertümlich an. Was an Service fehlt, macht die Atmosphäre wett.

Gäste können sich zum Lesen in die alte Bibliothek zurückziehen, und darunter befindet sich ein großer Aufenthaltsraum, wo an kühlen Abenden im Kamin ein Feuer brennt. Das Frühstück wird im eleganten Speiseraum serviert. Von dort führen Terrassentüren in den schönen Garten, in dem die Mönche einst Heilpflanzen anbauten. Im Restaurant gibt es edle toskanische Gerichte mit Pfiff.

.~

Umgebung: Weinberge des Chianti; Siena (35 km); Radda (7 km) • **Lage:** nahe der Kreuzung SS408/SS429, 7 km östlich von Radda in Chianti; großer Parkplatz
Mahlzeiten: Frühstück; Mittag- und Abendessen im angegliederten Restaurant
Preise: €€ • **Zimmer:** 10; 8 Doppel- oder Zweibettzimmer, 2 Einzelzimmer, alle mit Bad oder Dusche und Fön • **Anlage:** Frühstücksraum, Aufenthaltsraum, Restaurant, Terrasse, Garten, Pool, türkisches Bad • **Kreditkarten:** MC, V
Tiere: erlaubt – bitte bei Buchung angeben • **Behinderte:** nicht geeignet
Geschlossen: Mitte Dezember bis Anfang Februar • **Besitzer:** Familie Stuccchi-Prinetti

SIENA

San Sano
~ Ländliches Dorfhotel ~

San Sano, Gaiole in Chianti, 53010 Siena
Tel (0577) 746130 **Fax** (0577) 746156
E-Mail info@sansanohotel.it **Website** www.sansanohotel.it

Im Herzen des mittelalterlichen Dörfchens San Sano, einer Ansammlung von kleinen Häusern mit Terrakottadächern, steht ein
alter Turm. Er ist vier Stockwerke hoch, wurde mehrmals zerstört
und wieder aufgebaut. In seiner heutigen Form bildet er den Kern
eines hübschen Hotels in einem ursprünglichen, nicht überlaufenen
Teil des Chianti-Gebiets.
Die Gebäude um den Turm (in dem auch Gästezimmer sind; andere liegen direkt am Garten) bilden ein verschachteltes Ensemble mit
engen Durchgängen, Treppchen und lauschigen Höfen. Bei der
sorgfältigen Restaurierung war man bemüht, den Charakter des
Weilers zu bewahren. Die Räume sind in ländlich toskanischem Stil
und doch individuell ausgestattet: Antiquitäten, farbige Keramik
und viele Blumen machen das strenge Interieur freundlich. Den
Speiseraum in den früheren Stallungen überspannt ein massives Ziegelgewölbe (sogar der Futtertrog ist noch da); ein kühler Zufluchtsort in der Sommerhitze. Die Zimmer sind variabel eingerichtet
(eines mit nistenden Vögeln, jetzt durch Glas abgetrennt), die Bäder
blitzsauber. Draußen, am Fuß des Turms, liegt ein gepflasterter
Garten, etwas weiter weg am Hang ein Schwimmbad; die Aussicht
wird nur durch Lavendel und Ginster verstellt.

~

Umgebung: Radda in Chianti (9 km); Siena (25 km); Florenz (60 km) • **Lage:** länd-
lich gelegener Weiler auf einem Hügel; Parkplatz • **Mahlzeiten:** Frühstück,
Abendessen • **Preise:** €€ • **Zimmer:** 14; 12 Doppel-, 2 Einzelzimmer, alle mit Bad
oder Dusche, Telefon, Klimaanlage, Fön, TV, Minibar • **Anlage:** Aufenthaltsräume,
Garten, Schwimmbad • **Kreditkarten:** AE, DC, MC, V • **Tiere:** erlaubt
Behinderte: 2 geeignete Zimmer • **Geschlossen:** Mitte Nov. bis Mitte März
Sprachen: Deutsch, Englisch, Französisch, Spanisch • **Besitzer:** Marco Amabili

Siena

Monteriggioni
~ Dorfhotel ~

Via 1 Maggio 4, Monteriggioni, 53035 Siena
Tel (0577) 305009, 305010 **Fax** (0577) 305011
E-Mail info@hotelmonteriggioni.net **Website** www.hotelmonteriggioni.net

Viele Toskana-Reisende legten immer schon Wert darauf, im gut erhaltenen mittelalterlichen Monteriggioni zumindest ein paar Stunden zu verbringen. Sie verweilten auf der Piazza (wo man in der Bar einen kleinen Imbiss bekommt), sahen sich in den Antiquitätenläden um oder genossen das Menü im Il Pozzo, einem der schönsten Restaurants in der Gegend von Siena. Schließlich kam jemand auf die Idee, dass hier ein kleines Hotel Erfolg haben müsste, zumal sich von der friedlichen Stadt aus die Gegend gut erkunden lässt.
Mehrere alte Häuser wurden zusammengefaßt und mit viel Geschick zu einem hübschen Hotel umgestaltet. Aus den früheren Ställen ist ein großer, heller und luftiger Aufenthaltsbereich geworden, in dem die Rezeption, ein Wohnraum und das Frückstückszimmer untergebracht sind.
Hinten führt eine Tür in den gepflegten Garten, der bis zu den Stadtmauern hinunterreicht und in dem das kleinste Schwimmbad der Toskana Platz gefunden hat. Die Zimmer sind im rustikal-antiken Stil perfekt ausgestattet, die eleganten Bäder hypermodern.

~

Umgebung: Siena (10 km); San Gimignano (18 km); Florenz (55 km); Volterra (40 km) • **Lage:** in Monteriggioni; Parkmöglichkeit außerhalb • **Mahlzeiten:** Frühstück • **Preise:** €€€ • **Zimmer:** 12; 2 Einzel-, 10 Doppelzimmer, alle mit Dusche, Telefon, TV, Minibar, Klimaanlage, Safe • **Anlage:** Aufenthaltsbereich, Frühstücksraum, Bar, Garten, kleines Schwimmbad • **Kreditkarten:** AE, DC, MC, V **Tiere:** nicht erlaubt • **Behinderte:** keine speziellen Einrichtungen • **Geschlossen:** Jan. bis Feb. • **Sprachen:** Deutsch, Englisch, Französisch • **Geschäftsführerin:** Michela Gozzi

Siena

Monteriggioni

San Luigi
~ Ländliches Hotel ~

Loc. Strove, Via della Cerreta 38, Monteriggioni, 53030 Siena
Tel (0577) 301055 **Fax** (0577) 301167
E-Mail info@relais-borgosanluigi.it **Website** www.borgosanluigi.it

Beim Umbau des bäuerlichen Anwesens von San Luigi in ein besonders ambitioniertes ländliches Hotel wurde nicht gespart und geknausert; es wird wahrscheinlich vor allem jungen Familien gefallen. Auf einer langen, ungepflasterten Auffahrt geht es durch das ausgedehnte Gelände zum Hauptgebäude mit der Rezeption. Wer sich wundert, dass es auch im Sommer überall schön grün ist, muss wissen, dass hier einmal eine etruskische Siedlung stand und dass die Etrusker ihre Wohnorte stets an Plätzen bauten, wo es reichlich Grundwasser gab.

Die heutigen Besitzer von San Luigi nutzen natürlich die Vorzüge dieser Lage. Im Park gibt es Beschäftigungsmöglichkeiten in Fülle: Schwimmen, Tennis, Volleyball, Basketball und Bowling. Wer solche Gruppenaktivitäten nicht schätzt, kann im Gelände endlos umherstreifen oder sich zum Lesen in eine stille Ecke zurückziehen. Es wäre falsch, San Luigi als eine Art Feriencamp zu beschreiben, doch käme es auch zu Missverständnissen, wenn man von einem stillen Zufluchtsort spräche. Die Gäste wirken jedenfalls ungeheuer aktiv, vor allem die jüngere Generation, und reichliche Mahlzeiten vom Büffet halten sie bei Kräften.

~

Umgebung: Monteriggioni (5 km); Siena (12 km); Florenz (50 km) • **Lage:** 5 km nordwestlich von Siena im eigenen Park, großer Parkplatz • **Mahlzeiten:** Frühstück, Mittag- und Abendessen • **Preise:** €€€ • **Zimmer:** 2 Einzelzimmer, 32 Doppelzimmer, 5 Appartements, alle mit Bad oder Dusche, Minibar • **Anlage:** Aufenthaltsraum, Restaurant, Bar, Garten, Tennis, Volley- und Basketball, 2 Swimmingpools, Gartenschach • **Kreditkarten:** AE, DC, MC, V • **Tiere:** kleine Hunde erlaubt **Behinderte:** 2 Zimmer mit besonderen Einrichtungen • **Geschlossen:** nie **Sprachen:** Deutsch, Englisch, Französisch, Spanisch • **Besitzer:** Sig. Michelagnoli

SIENA

L'Olmo

~ Ländliches Gästehaus ~

53020 Montichiello di Pienza, Siena
Tel (0578) 755133 **Fax** (0578) 755124
E-Mail info@lolmopienza.it **Website** www.olmopienza.it

Im ersten Moment wirkt dieses trutzige Steingebäude auf einem Hügel, der einen Blick über die Landschaft des Valle d'Orcia gen Pienza erlaubt, zu steif. Schon einige Bäume würden die Konturen auflockern. Im Inneren jedoch vertreibt der elegante, bequeme Aufenthaltsraum mit seinen orientalischen Teppichen, der niedrigen, mit Balken versehenen Decke, den antiken Möbeln sowie dem Kaffeetisch mit einer Glasplatte und vielen Büchern alle Befürchtungen. Bei unserem Besuch loderte ein Feuer im Kamin, und im Hintergrund erklang dezent Musik von Mozart.

Die geräumigen Schlafzimmer und Suiten sind individuell und geschmackvoll in elegantem ländlichem Stil ausgestattet. Dazu gehören Stoffe mit Blümchenmuster, strahlend weiße Bettbezüge, sanfte Beleuchtung sowie zahlreiche Pflanzen und getrocknete Blumen. In einem Raum sieht man die für Scheunen der Toskana so typische, vom Boden bis zur Decke durchgängige Backsteinwand, die heute verglast ist. Die schmiedeeisernen Installationen im ganzen Haus sind von einem einheimischen Kunsthandwerker. Zwei Suiten besitzen eigene Terrassen, die zum großen Garten führen. Der Swimmingpool gewährt einen wundervollen Ausblick und der überwölbte Innenhof ist ideal für einen Aperitif.

~

Umgebung: Pienza (7 km); Montepulciano (12 km); Siena (50 km) • **Lage:** 7 km südlich von Pienza; folgen Sie den Schildern nach Montichiello; eigener Parkplatz **Mahlzeiten:** Frühstück, Abendessen auf Anfrage • **Preise:** €€€-€€€€ • **Zimmer:** 1 Doppelzimmer, 5 Suiten und ein Selbstversorgerappartement; alle mit Bad, Telefon, Minibar, TV, Fön, Safe • **Anlage:** Aufenthaltsraum, Garten, Terrassen, Swimmingpool • **Kreditkarten:** AE, MC, V • **Behinderte:** 1 Schlafzimmer im Erdgeschoss • **Tiere:** nicht gestattet • **Geschlossen:** Mitte Nov. bis 1. April **Sprachen:** Französisch, Englisch • **Besitzerin:** Francesca Lindo

Siena

Il Chiostro di Pienza
~ Früheres Kloster ~

Corso Rossellino 26, Pienza, 53026 Siena
Tel (0578) 748400 **Fax** (0578) 748440
E-Mail ilchiostrocdipienza@virgilio.it **Website** www.relaisilchiostrodipienza.com

In der für die Renaissance-Päpste typischen Bescheidenheit benannte Pius II. seine Heimatstadt Corsignano nach sich selbst und machte sie zum Musterbeispiel für die Stadtplanung des 15. Jhs. So ist es denn angemessen, dass der moderne Tourist Unterkunft im umgebauten Franziskanerkloster findet. Der Eingang liegt hinter dem strengen weißen Klostergebäude, das dem Hotel den Namen gegeben hat und dessen Anblick man von der Hälfte der Zimmer aus genießt; die andere Hälfte bietet eine Aussicht bis zur Gebirgslandschaft des Val d'Orcia.

Viele Elemente der früheren Mönchszellen, wie die Deckengewölbe mit Fresken und die Steinfußböden, sind erhalten geblieben. Die Einrichtung weist allerdings nicht mehr auf den klösterlichen Ursprung der Räume hin; doch wirkt moderner Komfort hier keineswegs als Stilbruch. Die Bäder sind bestens ausgestattet.

Von den Aufenthaltsräumen mit alten Holzdecken und dem Restaurant erreicht man einen reizvollen Terrassengarten – wo jüngst ein Pool gebaut wurde – mit derselben Aussicht wie von den Zimmern, speziell mit Blick auf den Privatgarten Pius' II. gleich nebenan. Es gibt keinen angenehmeren Ort für den *aperitivo* am Abend als den kühlen Schatten hier.

~

Umgebung: Palazzo Piccolomini, Kathedrale; Siena (52 km), Montepulciano
Lage: im Stadtzentrum, unweit vom Palazzo Piccolomini; Parkplatz außerhalb der Stadtmauer • **Mahlzeiten:** Frühstück, Mittag- und Abendessen • **Preise:** €€€
Zimmer: 37; 19 Doppelzimmer, 9 Einzelzimmer, 9 Suiten; alle mit Bad, Telefon, Klimaanlage, Fön, Safe, TV • **Anlage:** Aufenthaltsräume, Bar, Restaurant, Garten
Kreditkarten: AE, DC, MC, V • **Tiere:** erlaubt • **Behinderte:** 2 geeignete Zimmer
Geschlossen: Januar bis März; Restaurant Mo • **Sprachen:** Englisch • **Geschäftsführer:** Massimo Cicala

SIENA

PIENZA

La Saracina

~ Ländliches Gästehaus ~

Strada Statale 146, 53026 Pienza, Siena
Tel (0578) 748022 **Fax** (0578) 748018
E-Mail info@lasaracina.it **Website** www.lasaracina.it

Als die McCobbs 1996 La Saracina verließen und in die USA zurückkehrten, ließen sie ein außergewöhnlich gemütliches Gästehaus zurück. Mit der typischen Aufmerksamkeit für Details, die anscheinend alle ausländischen Hoteliers der Region auszeichnet, verwandelten sie ein altes Bauernhaus mit seinen Nebengebäuden inmitten einer großartigen Landschaft in etwas Besonderes.

In den Schlafzimmern verspürt man einen Sinn für Raffinesse und guten Geschmack. Alle haben einen separaten Ausgang ins Freie und sind geräumig, die eleganten Suiten besitzen eigene Sitzecken. Die antiken Möbel passen hervorragend zu den leuchtenden Textilien von Ralph Lauren; man bemerkt im ganzen Haus einen Hang zu amerikanischem Landhausstil. Die luxuriösen Badezimmer sind mit Marmorbecken und teilweise geradezu riesigen Jacuzzis ausgestattet. Das Frühstück wird im Wintergarten oder in einem hübschen Frühstücksraum serviert. Umgeben von weichem Rasen liegt ein schöner Swimmingpool.

Das Hotel gehört zur obersten Kategorie und wird von der Besitzerin mit viel Enthusiasmus und Engagement geführt.

~

Umgebung: Pienza (7 km); Montepulciano (6 km) • **Lage:** 7 km von Pienza auf der Straße nach Montepulciano; in ruhiger hügeliger Lage mit eigenem Grund und Parkplätzen • **Mahlzeiten:** Frühstück • **Preise:** €€€ • **Zimmer:** 2 Doppelzimmer, 3 Suiten und 1 Appartement (mit Küche); alle mit Bad oder Dusche, TV, Telefon, Minibar • **Anlage:** Frühstückszimmer, Garten, Schwimmbad • **Kreditkarten:** AE, MC, V • **Behinderte:** keine speziellen Einrichtungen, doch alle Zimmer sind im Erdgeschoss • **Tiere:** nicht erlaubt • **Geschlossen:** nie • **Sprachen:** Englisch, Französisch • **Besitzerin:** Simonetta Vessichelli

Siena

Relais La Suvera
∾ Ländliche Villa ∾

Loc. Pievescola di Casole d'Elsa, 53030 Siena
Tel (0577) 960 300/1/2/3 **Fax** (0577) 960 220
E-Mail lasuvera@lasuvera.it **Website** www.lasuvera.it

Als die Republik Siena im Jahre 1507 Papst Julius II. die mittelalterliche Burg Suvera schenkte, beeilte sich dieser, eine Renaissance-Villa in ähnlichem Maßstab anzubauen. Sie wechselte im Laufe der Zeit mehrfach den Besitzer; heute gehört sie dem Marchese Ricci Paracciani und ist eines der seltsamsten Hotels in Italien.

Die strengen Umrisse der drei Stock hohen steinernen Festung kontrastieren mit den zierlichen Loggien an der Hauptfassade der Villa. Daneben liegen die Kirche San Carlo Borromeo aus dem 17. Jh. und Ziergärten, die von gepflegten Kieswegen durchschnitten werden. Die Beschreibung der Innenräume würde ein Buch füllen. Die Phantasie jedes Sammlers kommt hier auf ihre Kosten. Aristokratischer Luxus oder eine Orgie von Kitsch? Schwer zu entscheiden. Jeder Raum hat sein Motto (Papstzimmer, Maurenzimmer, Fayencezimmer), und das wird ohne Rücksicht auf die Kosten bis zum Exzeß visualisiert. Im Napoleonzimmer herrscht natürlich Empirestil vor, mit schweren Draperien, einem Porträt des Herrschers und darüber dem Kaiseradler. Die Zimmer in den umgebauten Stallungen sind (vergleichsweise) schlicht und kleiner. In der früheren Olivenölmühle gibt es ein elegantes Restaurant.

∾

Umgebung: Siena (28 km); Florenz (56 km) • **Lage:** 28 km westlich von Siena, auf eigenem Gelände; Parkplatz • **Mahlzeiten:** Frühstück, Mittag- und Abendessen **Preise:** €€€€€ • **Zimmer:** 23 Doppelzimmer, 12 Suiten, alle mit Bad oder Dusche, TV, Telefon, Klimaanlage • **Anlage:** Aufenthaltsräume, Frühstücksraum, Restaurant, Schwimmbad, Tennis, Sauna, Dampfbad • **Kreditkarten:** AE, DC, MC, V • **Tiere:** nach Anfrage • **Behinderte:** nicht geeignet • **Geschlossen:** Nov. bis April **Sprachen:** Deutsch, Englisch, Französisch, Spanisch • **Besitzer:** Marchese Ricci Paracciani

Siena

Poggibonsi

Villa San Lucchese
~ Ländliche Villa ~

Via San Lucchese 5, Poggibonsi, 53036 Siena
Tel (0577) 934231 **Fax** (0577) 934729

Man sollte sich vom nahen Poggibonsi, zweifellos eine der hässlichsten Städte der Toskana, nicht abschrecken lassen. Wenn man die Stadt auf halber Strecke zwischen Florenz und Siena hinter sich hat, ist man gleich wieder in der herrlichen toskanischen Landschaft mit Zypressen, Oliven und Weinhängen. Und auf all das blickt man auch von dem Hügel, auf dem die Villa San Lucchese liegt – zwei Kilometer südlich von Poggibonsi.

Die Villa ist ein eleganter cremefarbener Bau aus dem 15. Jh. und steht in einem Park mit kunstvoll geschnittenen Hecken und gewundenen Kieswegen. Die Innenräume sind entsprechend dem Standard eines Vier-Sterne-Hotels völlig neu ausgestattet worden; dabei ist der ursprüngliche Stil zugunsten modernen Komforts ein bißsschen zu kurz gekommen. Dennoch hat man viel von der Atmosphäre der alten Villa bewahrt, sowohl im Empfangsbereich mit mächtigen Balkendecken und niedrigen Gewölben als auch im Esszimmer mit schönen Friesen und beim geneigten Dach.

Die Zimmer könnten etwas mehr Farbe haben, sie wirken in ihrem nüchternen Weiß ein wenig unpersönlich, sind aber durchaus geräumig und bequem.

~

Umgebung: Siena (19 km); Florenz (36 km); San Gimignano (13 km) • **Lage:** 2 km südlich von Poggibonsi auf einem Hügel im eigenen Gelände; Parkplatz **Mahlzeiten:** Frühstück, Mittag- und Abendessen • **Preise:** €€-€€€ • **Zimmer:** 36; 34 Doppelzimmer, 2 Suiten, alle mit Bad oder Dusche, TV, Telefon, Minibar, Klimaanlage • **Anlage:** Restaurant, Bar, Garten, 2 Schwimmbäder, Tennisplätze, Bowling • **Kreditkarten:** AE, EC, MC, V • **Tiere:** nicht erlaubt **Kinder:** willkommen **Behinderte:** keine besonderen Einrichtungen • **Geschlossen:** Mitte Jan. bis Mitte Feb. • **Sprachen:** Deutsch, Englisch, Französisch • **Geschäftsführer:** Marcantonio Ninci

Siena

Podere Terreno
~ Ländliches Gästehaus ~

Via Terreno 21, Volpaia, Radda in Chianti, 53017 Siena
Tel (0577) 738312 **Fax** (0577) 738400
E-Mail podereterreno@chiantinet.it **Website** www.podereterreno.it

Hier finden Sie wirklich alles, was Sie sich im Herzen des Chianti-Gebiets erwarten: ein vierhundert Jahre altes Bauernhaus mit Blick auf Weinhänge und Olivenhaine; köstliche heimische Gerichte, Wein; dazu ein freundliches Willkommen der Gastgeberin Marie-Sylvie Haniez und ihres Mannes Roberto Melosi.
Mittelpunkt des Hauses ist der Speiseraum im ersten Stock. Hier sitzt man zu den Mahlzeiten am langen Holztisch, aber auch zum Lesen vor dem riesigen Kamin, dessen Einfassung mit Keramik und Jagdtrophäen dekoriert ist. Der ganze Raum ist voll mit interessanten Stücken: blanke Kupferkessel an den vom Alter geschwärzten Balken, ein Schrank, der aus einem Stamm herausgearbeitet ist, Borde voller Weinflaschen. Unten gibt es einen weiteren Wohnraum, in dem noch die steinernen Gewölbe und der Futtertrog der ehemaligen Stallungen erhalten sind.
Die Gästezimmer liegen an einem langen Korridor und sind schlicht möbliert; jedes ist nach einer Rebsorte benannt. An den weißen Wänden farbige Pflanzenbilder. Die Bäder sind relativ klein, die Fliesen zu grün. Abends hält man sich mit einem Glas Rotwein auf dem überdachten Sitzplatz auf und beobachtet die Schwalben über den Terrakottadächern.

~

Umgebung: Radda in Chianti (5 km); Siena (35 km); Florenz (43 km) • **Lage:** 5 km nördlich von Radda in Chianti; Parkplatz • **Mahlzeiten:** Frühstück, Abendessen **Preise:** € • **Zimmer:** 7 Doppelzimmer, 6 mit Dusche, 1 mit Bad • **Anlage:** Salon, Speiseraum, Terrasse, Tischtennis; See in der Nähe • **Kreditkarten:** AE, MC, V **Tiere:** erlaubt • **Behinderte:** nicht geeignet • **Geschlossen:** nie • **Sprachen:** Deutsch, Englisch, Französisch • **Besitzer:** Marie-Sylvie Haniez

Siena

RADDA IN CHIANTI

Relais Fattoria Vignale
~~ Ländliches Hotel ~~

Via Pianigiani 15, Radda in Chianti, 53017 Siena
Tel (0577) 738300 **Fax** (0577) 738592
E-Mail vignale@vignale.it **Website** www.vignale.it

Fattoria Vignale liegt nicht nur im Herzen des Chianti-Gebiets, hier wurden auch die Maßstäbe für den Weinanbau im Chianti gesetzt. 1924 führte Baldassare Pianigiani den berühmten schwarzen Hahn als Markenzeichen ein und gründete das Consorzio, das bis heute die Standards für die Erzeugung von Italiens berühmtestem Wein vorgibt.

Auch das Hotel setzt sich hohe Maßstäbe; Pannen wird man in dem von Silvia Kummer umsichtig geleiteten Haus kaum erleben. Die Einrichtung ist geschmackvoll und zurückhaltend und passt gut zum ursprünglichen Charakter des Herrenhauses. In den Aufenthaltsräumen elegante moderne Sofas und Orientteppiche auf alten Terrakottaböden. In einem der Räume zeigt die Vertäfelung schöne Fresken mit ländlichen Szenen. Die Gästezimmer, auch die im Nebengebäude jenseits der Straße, sind in gehobenem rustikalem Stil ausgestattet, haben aber doch eine individuelle Note.

Auf der mit einer schön bewachsenen Pergola überdeckten Terrasse wird das Frühstück serviert. Ein Stück weiter das Schwimmbad mit ebenso prachtvoller Aussicht. Hier findet man wirklich alles, was man von einem kleinen, feinen Hotel erwarten kann.

~~

Umgebung: Siena (28 km); San Gimignano (40 km) • **Lage:** knapp außerhalb des Dorfs, 28 km nördlich von Siena; eigenes Gelände; großer Parkplatz • **Mahlzeiten:** Frühstück, Imbiss • **Preise:** €€-€€€ • **Zimmer:** 37; 4 Einzel-, 25 Doppelzimmer, alle mit Bad oder Dusche, Telefon; 9 Zimmer im Nebengebäude • **Anlage:** 3 Aufenthaltsräume, Frühstücksraum, Bar, Terrasse, Garten, Schwimmbad **Kreditkarten:** AE, MC, V • **Tiere:** nicht erlaubt • **Behinderte:** Aufzug, aber keine besonderen Einrichtungen • **Geschlossen:** 8. Dez. bis 26. Dez.; 6. Jan. bis 25. März **Sprachen:** Deutsch, Englisch, Französisch • **Geschäftsführerin:** Silvia Kummer

SIENA

Sette Querce
~~ Dörfliches Gästehaus ~~

53040 San Casciano dei Bagni, Siena
Tel (0578) 58174 **Fax** (0578) 58172
E-Mail settequerce@krenet.it **Website** www.evols.it/settequerce

Seit vielen Jahren bewirtschaftet die Familie von Daniela Boni die örtliche Bar in diesem kleinen Kurort, der auf 600 Meter Höhe in einem entlegenen Winkel der südlichen Toskana liegt. 1997 wurde die Bar um ein ausgezeichnetes Restaurant erweitert, als weitere Expansion des Familienbetriebs kam dieses reizende und originelle Hotel hinzu – sowie eine Weinbar, Pizzeria und ein Laden, wo wunderbare Keramik von Vietri verkauft wird.

Seine jetzige Inneneinrichtung hebt sich wohltuend vom üblichen toskanischen Stil ab. Im Erdgeschoss herrschen Erdfarben, leuchtendes Rot und Rosa vor. Die Schlafzimmer im zweiten Stock sind in hellem Gelb und Grün, die im obersten Stock in verschiedenen Blautönen gehalten. Die fröhlichen Stoffe der Vorhänge, auf Stühlen, Kissen und Federbetten wurden von Designern entworfen. An schmückendem Beiwerk finden sich überall alte Eisengegenstände, ländliche Keramiken und Korbwaren, während an den Wänden eingerahmte Schwarzweiß-Aufnahmen von der Geschichte des Ortes erzählen. Jedes Schlafzimmer verfügt über eine komfortable Sitzecke sowie eine klug konstruierte Einbauküche. Die Badezimmer sind makellos, einige haben Jacuzzis.

~~

Umgebung: Thermalbäder (1 km); Pienza (40 km); Orvieto (40 km) • **Lage:** an der Straße außerhalb des Orts; öffentlicher Parkplatz in der Nähe • **Mahlzeiten:** Frühstück • **Preise:** €€-€€€€ • **Zimmer:** 9 Suiten; alle mit Bad und Dusche, Telefon, TV, Klimaanlage, Minibar, Haartrockner • **Anlage:** Bar, Terrassen, Restaurant (unter gleichem Management, in der Nähe) • **Kreditkarten:** AE, MC, V **Behinderte:** 2 geeignete Suiten im Erdgeschoss • **Tiere:** kleine Tiere erlaubt **Geschlossen:** 2 Wochen im Jan. • **Sprachen:** Englisch, Französisch • **Besitzer:** Daniela, Maurizio und Silvestro Boni

Siena

San Gimignano

L'Antico Pozzo
～ Gästehaus in der Stadt ～

Via San Matteo 87, 53037 San Gimignano, Siena
Tel (0577) 942014 **Fax** (0577) 942117
E-Mail info@anticopozzo.co **Website** www.anticopozzo.com

Der namensgebende Backsteinbrunnen *(pozzo* bedeutet Brunnen) befindet sich in der Eingangshalle dieses schönen Stadthauses aus dem 15. Jh., das in San Gimignano an einer der Fußgängerstraßen hinauf zur zentralen Piazza del Duomo liegt. Das Gebäude wurde 1990 renoviert und ist unserer Meinung nach wohl das beste Hotel der Stadt.

Eine Steintreppe führt in den ersten Stock zu den großen Schlafzimmern und dem Frühstückszimmer, das wegen seiner rosafarbenen Wände »Sala Rosa« genannt wird. Die eingewachsten abgenutzten Terrakottafliesen in diesem Stock sind genauso original wie die hohen, mit Balken versehenen Decken. In einigen Zimmern gibt es Fresken; die Wände und Decke eines Raumes sind vollständig mit Blumenbändern und Tänzern bemalt. Die Zimmer in den oberen Stockwerken sind kleiner, aber immer noch äußerst attraktiv. Die höchstgelegenen Räume kompensieren ihre geringere Größe mit Mansardendecken und einer schönen Aussicht.

Das Mobiliar ist einfach und geschmackvoll gehalten; die ausgewählten Antiquitäten passen gut zu den schmiedeeisernen Betten, die Farben sind gedämpft. Ein zusätzliches Plus ist die hübsche, ummauerte Terrasse.

～

Umgebung: Dom, Museo Civico, Torre Grossa • **Lage:** in einer Fußgängerzone; öffentlicher Parkplatz • **Mahlzeiten:** Frühstück • **Preise:** €€-€€€ • **Zimmer:** 18; 1 Einzelzimmer, 17 Doppelzimmer; alle mit Bad oder Dusche, Telefon, TV, Radio, Klimaanlage, Minibar • **Anlage:** Bar, Terrasse, Frühstückszimmer • **Kreditkarten:** AE, DC, MC, V • **Behinderte:** 2 geeignete Zimmer und Fahrstuhl • **Tiere:** nicht erlaubt • **Geschlossen:** 6 Wochen im Winter • **Sprachen:** Deutsch, Englisch, Spanisch • **Besitzer:** Emanuele Marro L'Olmo

Siena

Casale del Cotone
～ Ländliches Gästehaus ～

Loc. Cellole 59, San Gimignano, 53037 Siena
Tel & Fax (0577) 943236
E-Mail info@casaledelcotone.com **Website** www.casaledelcotone.com

Das eindrucksvoll restaurierte Bauernhaus ist mit so viel Geschmack ausgestattet, dass es wohl als eine der gehobeneren Unterkünfte in der Gegend von San Gimignano gelten kann. Das lange, niedrige Haus mit kleinen Fenstern und braunen Läden wurde früher als Jagdhaus genutzt; im Frühstücksraum erinnert ein Fresko mit fliehendem Hirsch und Fasan an diese frühere Bestimmung. Ein weiteres Bauernhaus auf dem Gut, das Rocca degli Olivi, ist wie das Haupthaus herrlich inmitten von Weinbergen und Olivenhainen gelegen.

Mit der Innen- und Außengestaltung hat man sich viel Mühe gegeben. Draußen gibt es wohlgepflegte Gärten mit Kieswegen und farbenfrohen Blumenbeeten; das Haus ist so gelegen, dass sogar an heißen Augustabenden eine kühle Brise weht.

Im Erdgeschoss ist der Aufenthaltsraum mit dem Frühstücksbereich; bei gutem Wetter wird das Frühstück im Garten serviert. Das Ganze ist mit viel Geschick eingerichtet; ganz wenige schöne Stücke unterstreichen die Proportionen der Räume. Auch die Zimmer sind sparsam und mit Stil möbliert und passen zur friedlichen Atmosphäre.

～

Umgebung: Siena (35 km); Pisa (70 km); Volterra (28 km) • **Lage:** 2 km nördlich von San Gimignano an der Straße nach Certaldo; auf eigenem Gelände; großer Parkplatz • **Mahlzeiten:** Frühstück, Imbiss • **Preise:** €-€€ • **Zimmer:** 10 Doppelzimmer, 2 Appartements, alle mit Bad und Dusche, Satelliten-TV, Fön, Telefon, Minibar • **Anlage:** Aufenthaltsraum, Bar, Garten • **Kreditkarten:** keine • **Tiere:** nicht erlaubt • **Behinderte:** 1 geeignetes Zimmer • **Geschlossen:** Nov. bis Jan. **Sprachen:** Englisch, Französisch • **Besitzer:** Alessandro Martelli

Siena

San Gimignano

Le Renaie
~ Ländliches Hotel ~

Loc. Pancole, San Gimignano, 53037 Siena
Tel (0577) 955044 **Fax** (0577) 955126
E-Mail lerenaie@tuscany.net **Website** www.tuscany.net/lerenaie

Das Haus ist das Schwesterhotel der nahen Villa San Paolo (siehe Seite 138) und wirkt ein wenig wie eine arme Verwandte; Möblierung und Ausstattung sind bescheidener, aber dafür ist Le Renaie auch preiswerter. Der Bau ist nicht gerade ein architektonisches Meisterwerk, aber typisch für die moderne Bauweise dieser Gegend, die manche Elemente des klassischen Baustils aufnimmt: eine überdachte Terrasse mit Ziegelgewölben, auf der bei gutem Wetter Frühstück und Abendessen serviert werden; französische Fenster, die sich bei einigen Zimmern direkt zu eigenen Balkonen öffnen. Im Innern sorgen moderne Terrakottaböden und Korbmöbel für eine helle, freundliche Atmosphäre.

Das Restaurant »Da Leonetto« ist auch bei den Einheimischen beliebt (vor allem bei besonderen Anlässen), bekommt aber unterschiedliche Kritiken. In den Gästezimmern oben findet man eine Mischung aus modernen und nachgemachten ländlichen Möbeln. Den Gästen scheinen die ruhige Lage und das komplette Hotelangebot (mit Schwimmbad und Zugang zum Tennisplatz des San Paolo) zu günstigem Preis zu gefallen. Gut geeignet für Leute, die Stadtbesichtigungen und geruhsame Tage am Swimmingpool verbinden wollen.

~

Umgebung: San Gimignano (6 km); Volterra (30 km); Siena (38 km) • **Lage:** 6 km nördlich von San Gimignano, etwas abseits von der Straße nach Certaldo; Privatparkplatz • **Mahlzeiten:** Frühstück, Mittag- und Abendessen • **Preise:** €-€€ **Zimmer:** 25; 1 Einzelzimmer, 24 Doppelzimmer, alle mit Bad oder Dusche, Telefon, TV, Klimaanlage **Anlage:** Restaurant, Garten, Schwimmbad • **Kreditkarten:** AE, DC, MC, V • **Tiere:** nicht in den Aufenthaltsräumen • **Behinderte:** keine besonderen Einrichtungen • **Geschlossen:** Nov. • **Sprachen:** Deutsch, Englisch, Französisch **Besitzer:** Leonetto Sabatini

Siena

San Gimignano

Villa San Paolo
～ Ländliche Villa ～

Strada per Certaldo, San Gimignano, 53037 Siena
Tel (0577) 955100 **Fax** (0577) 955113
E-Mail info@villasanpaolo.com **Website** www.villasanpaolo.com

Das Hotel wurde seit Erscheinen der letzten Ausgabe des Toskana-
und-Umbrien-Führers so grundlegend umgebaut, dass es allein
schon mit der stark erhöhten Zimmerzahl von 18 auf jetzt 78 nicht
mehr unsere Kriterien eines kleinen Hotels mit Charme erfüllt.
Trotz alledem hat es jedoch seinen Charakter behalten.

Die Villa selbst wirkt absolut nicht toskanisch: Im Inneren sorgt die
erfrischende Auswahl der Farben und Möbel für eine einladende, individuelle Atmosphäre. Die Lage lässt jedoch keinen Zweifel daran,
dass man sich in der Toskana befindet: Umgeben von Zypressen und
Olivenbäumen, bietet sich vom Swimmingpool ein Blick auf San Gimignano mit seinen Geschlechtertürmen.

Im Zentralbereich der Villa sind das Foyer und die mit einer Mischung aus Antiquitäten und modernen Korbmöbeln ausgestatteten
Gemeinschaftsräume untergebracht. Die Zimmer befinden sich in
den beiden Obergeschossen; diejenigen unter dem Dach haben
ziemlich kleine Fenster. Ein stringenter Dekorationsstil sorgt für die
farbliche Abstimmung von Teppichen, Möbeln und Stoffen.

In den gepflegten Gärten sind die Kieswege von gewundenen
Buchsbaumhecken eingefasst; hohe Schirmtannen sorgen für Schatten. Über Treppen gelangt man hinunter zum Schwimmbad mit
eigener Bar und einer überdachten Terrasse, wo bei schönem Wetter gefrühstückt wird. Ein Wellnessbereich ist in Planung.

～

Umgebung: San Gimignano (5 km); Siena (38 km) • **Lage:** 5 km nördlich von San
Gimignano an der Straße nach Certaldo; privater Parkplatz • **Mahlzeiten:** Früh-
stück, Imbiss • **Preise:** €€ • **Zimmer:** 78 Zimmer, alle mit Bad oder Dusche; alle
Zimmer mit Telefon Satelliten-TV, Minibar, Safe, Klimaanlage, Internetanschluss
Anlage: Aufenthaltsraum, Frühstücksraum, Bar, Konferenzsaal, Garten, Pool,
Tennis, Billard, Räder • **Kreditkarten:** AE, DC, MC, V • **Tiere:** nicht erlaubt • **Be-
hinderte:** Zimmer mit besonderer Einrichtung • **Geschlossen:** 8. Jan. bis Feb./März
Sprachen: Deutsch, Englisch, Französisch • **Geschäftsführer:** Remo Squarcia

Siena

San Gusme

Villa Arceno

~ Ländliche Villa ~

Loc. Arceno, San Gusme, Castelnuovo Berardenga, 53010 Siena
Tel (0577) 359292 **Fax** (0577) 359276
Website www.jpmoser.com/relaisvillaarceno.html

Die Villa war früher die Jagdhütte einer toskanischen Adelsfamilie, wobei der Begriff »Hütte« dem aristokratischen Bau kaum gerecht wird. Eine lange Privatstraße windet sich durch das tausend Hektar große Gut (mit vielen in Appartements umgewandelten Bauernhäusern) zur quadratischen, streng symmetrischen Villa mit den überhängenden Dachtraufen; sie ist umgeben von Rasen, Kieswegen und Terrakottatöpfen mit Blumen. Vor der Villa liegt ein von Mauern umgebener Landschaftspark mit schattigen Pfaden, die zu einem kleinen See hinabführen.

Im Innern des Hauses herrscht kühle Eleganz: Weiße Wände und Deckengewölbe kontrastieren mit den (mit Orientteppichen belegten) Terrakottaböden, Stilmöbeln und hellgelben Draperien. Das Ganze wirkt eher streng als familiär, aber doch nicht steif, weil das gut ausgebildete und freundliche Personal dafür sorgt, dass die Gäste sich wohlfühlen.

Oben sind die hellen, geräumigen Gästezimmer ganz individuell ausgestattet. Besonders reizvoll die Suite mit Erker. Einige Zimmer haben eine eigene Terrasse. Steigen Sie auch einmal über die Wendeltreppe im Turm zur Aussichtsterrasse hinauf – geboten wird ein herrlicher Blick über das frühere riesige Jagdgelände.

~

Umgebung: Siena (30 km); Florenz (90 km) • **Lage:** 30 km nordöstlich von Siena auf eigenem Gelände; großer Parkplatz • **Mahlzeiten:** Frühstück, Mittag- und Abendessen • **Preise:** €€€-€€€€ • **Zimmer:** 16 Doppelzimmer, alle mit Bad, Telefon, TV, Minibar, Klimaanlage • **Anlage:** Restaurant, Gärten, Tennis, Schwimmbad • **Kreditkarten:** AE, DC, MC, V • **Tiere:** kleine Hunde nach Voranfrage • **Behinderte:** nicht geeignet • **Geschlossen:** Mitte Nov. bis Mitte März • **Sprachen:** Deutsch, Englisch, Französisch • **Besitzer:** Gualtiero Mancini

SIENA

SIENA

Certosa di Maggiano
~ Umgebautes Kloster ~

Via Certosa 82, Siena 53100.
Tel (0577) 288180 **Fax** (0577) 288189
E-Mail info@certosadimaggiano.it **Website** www.certosadimaggiano.com

Das frühere Kartäuserkloster bietet, obwohl es in einem Vorort von Siena liegt, dank seines großen Parks eine wunderbar friedliche Atmosphäre. Es ist zwar sehr teuer, aber nicht protzig. Die Betonung liegt auf zurückhaltender Eleganz und diskretem Service.
Wenn man von den Zimmern vielleicht ein wenig enttäuscht ist, hat das allenfalls damit zu tun, dass sie mit den hinreißenden Aufenthaltsräumen nicht ganz Schritt halten. Die Gäste können sich in der Bibliothek mit den vielen Büchern selbst einen Drink nehmen, in einem kleinen Vorraum Backgammon oder Schach spielen oder sich im reizenden Wohnraum entspannen.
Früher wohnten die kultivierten Besitzer des Hauses selbst hier, daher spürt man überall das Private, die Landhausatmosphäre; im ganzen Haus gibt es frische Blumen. In dem hübschen Speisezimmer, im stillen Kreuzgang aus dem 14. Jh. oder unter den Arkaden am Schwimmbad werden exquisite Gerichte stilvoll serviert.
Am besten gelangt man mit dem Bus oder dem Auto ins Zentrum, wo Parkhäuser bereitstehen.

~

Umgebung: San Gimignano (40 km); Florenz (60 km) • **Lage:** 1 km südöstlich vom Stadtzentrum und der Porta Romana in einem Park; Parkplatz und Garagen gegenüber dem Eingang • **Mahlzeiten:** Frühstück, Mittag- und Abendessen • **Preise:** €€€€€ • **Zimmer:** 17; 9 Doppelzimmer, 8 Suiten; alle mit Bad, Telefon, TV, Radio **Anlage:** Speiseraum, Bar, Bibliothek, Aufenthaltsraum, Tennis, geheiztes Schwimmbad • **Kreditkarten:** AE, DC, MC, V • **Tiere:** keine • **Behinderte:** Zugang möglich, 3 Zimmer im Erdgeschoss • **Geschlossen:** Weihnachten, 9. Januar bis 9. Februar • **Geschäftsführerin:** Margherita Grossi

Siena

Siena

Palazzo Ravizza

~ Stadthotel ~

Pian dei Mantellini 34, 53100 Siena
Tel (0577) 280462 **Fax** (0577) 221597
E-Mail bureau@palazzoravizza.it **Website** www.palazzoravizza.it

Das Zentrum Sienas ist für seinen Mangel an empfehlenswerten Hotels berüchtigt. Doch der Palazzo Ravizza (den wir einige Jahre lang in unserem Italienführer erwähnten) wurde vor ein paar Jahren dank einer gründlichen Renovierung zu einer angenehmen Unterkunft umgestaltet. Zum Glück fiel sein altmodischer, etwas verblichener Charme der Modernisierung nicht ganz zum Opfer. Die Schlafzimmer sind noch immer mit manchmal sehr schrullig wirkenden Stilmöbeln und polierten Parkett- oder Terrakottaböden ausgestattet, ansonsten wurde kräftig modernisiert, und die Badezimmer haben tatsächlich beheizte Handtuchhalter, manche sogar zwei Jacuzzis. Die Gemeinschaftsräume im unteren Stockwerk sind teilweise mit eleganten schwarz-weißen Bodenkacheln ausgestattet und zeichnen sich durch hübsche Deckengemälde, bequeme Lehnstühle und Sofas aus. Es gibt eine gemütliche Bibliothek, eine moderne Bar und einen elegant eingerichteten Speisesaal. Ein weiteres Plus bietet der leicht verwilderte Garten, dessen Kühle und Schattenreichtum im Sommer einen Gegenpol zur Hitze der Stadt bilden. Hier können an einladend gelegenen Tischen Frühstück und Abendessen eingenommen werden.

~

Umgebung: Dom, Ospedale Santa Maria della Scala • **Lage:** südwestlich des Stadtzentrums in einer Wohngegend; eigener Parkplatz • **Mahlzeiten:** Frühstück, Abendessen • **Preise:** Zimmer €-€€ (Halbpension ist in der Hochsaison obligatorisch und kostet weitere 23 €) • **Zimmer:** 35 Doppel- und Zweibettzimmer, 5 Suiten; alle mit Bad oder Dusche, Telefon, TV, Minibar • **Anlage:** Aufenthaltsräume, Bar, Restaurant, Garten • **Kreditkarten:** AE, DC, MC, V • **Behinderte:** Fahrstuhl • **Tiere:** erlaubt • **Geschlossen:** nie • **Sprachen:** Deutsch, Englisch, Französisch • **Besitzer:** Francesco Grotanelli de Santi

SIENA

SINALUNGA

Locanda dell'Amorosa

~ Ländliches Gasthaus ~

Sinalunga, 53048 Siena
Tel (0577) 677211 **Fax** (0577) 63200
E-Mail mailbox@abitarelastoria.it **Website** www.abitarelastoria.it

In einer Gegend der Provinz Siena, wo es nicht gerade viele gute Hotels gibt, bildet dieses Haus eine rühmliche Ausnahme. Es ist genauso romantisch, wie es klingt: eine elegante Renaissance-Villa mit Dorf, umgeben von den Resten einer Mauer aus dem 14. Jh. Die Anlage besteht aus Appartements in den früheren Wohnhäusern der Bauern und Landarbeiter sowie in den Schlafzimmern des alten Familiensitzes. Sie sind kühl, luftig und hübsch mit ihren weiß getünchten Wänden, Terrakottaböden, antiken Möbeln und florentinischen Vorhängen und Bettdecken; außerdem haben sie makellose moderne Bäder.

Die alten Ställe mit Balkendecken und Ziegelmauern hat man zu einem reizvollen ländlichen (aber teuren) Restaurant umgebaut, in dem moderne Zubereitungen traditioneller toskanischer Gerichte angeboten werden. Die Zutaten stammen vom Gut, auf dem auch Wein erzeugt wird.

Zum Dörfchen gehört auch eine kleine Pfarrkirche mit einem Fresko aus der Schule von Siena (15. Jh.). Das diskrete, aufmerksame Personal sorgt dafür, dass die Locanda ein wahres Mekka für romantisch veranlagte Besucher ist.

~

Umgebung: Siena (45 km); Arezzo (45 km); Chianti • **Lage:** 2 km südlich von Sinalunga; großer Parkplatz • **Mahlzeiten:** Frühstück, Mittag- und Abendessen
Preise: €€€€ • **Zimmer:** 16; 12 Doppelzimmer, 4 Suiten, alle mit Bad, Telefon, TV, Minibar, Klimaanlage • **Anlage:** Speiseraum, Aufenthaltsraum, Bar, Pool
Kreditkarten: AE, DC, MC, V • **Tiere:** nicht erlaubt • **Behinderte:** Zugang schwierig
Geschlossen: Mitte Jan. bis Ende Feb.; Restaurant Mo, Di **Geschäftsführer:** Carlo Citterio

SIENA

SOVICILLE

Borgo Pretale
◠ Weiler auf einem Hügel ◠

Loc. Pretale, Rosia Sovicille, 53018 Siena
Tel (0577) 345401 **Fax** (0577) 345625
E-Mail borgopret@ftbcc.it

Eine lange, nicht asphaltierte Straße windet sich durch die bewaldeten Hügel zu dieser Gruppe von grauen Steinhäusern, die sich um einen mächtigen Turm aus dem 10. Jh. scharen. Lokalhistoriker vermuten, dass er Teil eines Systems von Türmen war, die auf den Hügeln um Siena in Sichtweite voneinander stehen, und von denen man Nachrichten über Eindringlinge aussandte und gegen ihr Wüten um Hilfe rief. Heute bietet dieser kultivierte Zufluchtsort Schutz vor Lärm und Geschäftigkeit, ist Hort eines eleganten Lebensstils.
Alles hat man bei der Restaurierung und Ausstattung des Hotels bedacht. Die Strenge des alten Baus wird durch ausgesuchte Antiquitäten, gedämpftes Licht und üppige Streifenstoffe gemildert. Eine geschnitzte Madonna steht in einer ziegelgefassten Bogennische.
Jedes Zimmer enthält eine andere Mischung kunstvoller Gegenstände, jedes ist auf seine Weise reizvoll, obwohl uns das Zimmer im Turm besonders gut gefiel. Das elegante Restaurant bietet nur wenige (aber vorzüglich zubereitete) Gerichte und hat eine große Weinkarte; bei der Auswahl gibt ein Profi-Sommelier guten Rat. Etwas versteckt am Waldrand ein schönes Schwimmbad.

Umgebung: Siena (20 km); San Gimignano (28 km) • **Lage:** 20 km südöstlich von Siena in ruhiger Hügellage; eigener Parkplatz • **Mahlzeiten:** Frühstück, Mittag- und Abendessen • **Preise:** €€€€ • **Zimmer:** 35; 32 Doppelzimmer, 3 Suiten, alle mit Bad oder Dusche, Telefon, TV, Minibar, Klimaanlage • **Anlage:** Aufenthaltsraum, Restaurant, Bar, Garten, Schwimmbad, Tennis, Sauna, Bogenschießen **Kreditkarten:** alle • **Tiere:** nicht erlaubt • **Behinderte:** nicht geeignet **Geschlossen:** 1. Nov. bis 5. April • **Sprachen:** Deutsch, Englisch, Französisch **Geschäftsführer:** Daniele Rizzardini

SIENA

Borgo di Toiano
~ Ländliches Hotel ~

Loc. Toiano, Sovicille, 53018 Siena
Tel (0577) 314639 **Fax** (0577) 314641

Viele der verlassenen Bauerndörfchen *(borgi)*, die heute gepflegte Hotelanlagen sind, baute man zum Schutz der Bewohner auf steilen Bergen oder hinter sicheren Mauern. Borgo di Toiano aber liegt in offener Landschaft: ein paar wunderbar restaurierte Steinhäuser verstreut zwischen riesigen Stein- und Terrakottaterrassen mit Blick über das ebene Tal mit Feldern und niedrigen Hügeln am Horizont. Die Terrassen, zu denen man von den meisten Zimmern direkten Zugang hat, zieren Rosenbeete, Blumenkübel und schmiedeeiserne Gartenmöbel; hier kann man in der Morgensonne frühstücken. Auch die Aufenthaltsräume mit schönen Antiquitäten und alten Teppichen vermitteln ein Gefühl der Weite und Großzügigkeit. Tapisserien und moderne Bilder wirken dank der weißen Wände und der passenden Beleuchtung. In den Zimmern die gleiche Mischung von ländlich und modern; alles ist geschmackvoll, schlicht und bequem, besonders reizvoll sind die Aussichtszimmer.
Unterhalb der größten Häusergruppe liegt auf der letzten Terrasse des sanft abfallenden Geländes das Schwimmbad.

~

Umgebung: Siena (12 km); San Gimignano (50 km) • **Lage:** 12 km südwestlich von Siena auf eigenem Gelände; Parkplatz • **Mahlzeiten:** Frühstück • **Preise:** €€-€€€ **Zimmer:** 10; 7 Doppelzimmer, 3 Suiten, alle mit Bad oder Dusche, Telefon, TV, Minibar, Klimaanlage • **Anlage:** Aufenthaltsraum, Bar, Terrassen, Garten, Schwimmbad • **Kreditkarten:** AE, DC, MC, V • **Tiere:** erlaubt • **Behinderte:** einige geeignete Zimmer mit Bad • **Geschlossen:** Nov. bis März • **Sprachen:** Deutsch, Englisch, Französisch • **Geschäftsführer:** Pierluigi Pagni

SIENA

VOLPAIA

La Locanda
~ Ländliches Gästehaus ~

Loc. Montanino, 53017 Volpaia, Radda in Chianti, Siena.
Tel & Fax (0577) 738833
E-Mail info@lalocanda.com **Website** www.lalocanda.it

Die Bevilaquas (er stammt aus Neapel, sie aus Mailand) suchten einige Jahre nach dem idealen Grundstück für ein eigenes Gästehaus. Im April 1999 feierten sie in den Hügeln des Chianti die Eröffnung von La Locanda, wo zuvor nur eine Gruppe verlassener Bauernhöfe gestanden hatte. Man kann sich kaum eine schönere Lage vorstellen: In 600 Meter Höhe reicht der Blick von den Terrassen, dem Garten und dem Swimmingpool sowie von einigen der Zimmer weit in die Landschaft aus Hügeln, Weinreben und Wald; im Vordergrund liegt das altertümliche, befestigte Dörfchen Volpaia.

Die Renovierung der farblosen Steingebäude wurde mit unfehlbar gutem Geschmack betrieben. Im Inneren wurden viele rustikale Einzelheiten beibehalten, dennoch konnte ein erfrischend zeitgemäßes Ambiente geschaffen und die Dominanz von Terrakotta und Holz durch klugen Einsatz von Farbe kompensiert werden. Die bequemen Schlafzimmer wirken klar und geradlinig, die Badezimmer sind geräumig und funkelnd. Der lange, sonnigen Aufenthaltsraum wird an der Stirnwand von einem massiven Steinkamin beherrscht, das Mobiliar besteht aus farbenprächtig gepolsterten Sofas und Lehnstühlen.

~

Umgebung: Volpaia (4 km); Florenz (48 km); Siena (38 km) • **Lage:** 4 km westlich von Volpaia • **Mahlzeiten:** Frühstück, Abendessen auf Anfrage • **Preise:** €€€-€€€€ • **Zimmer:** 7; 6 Doppelzimmer und 1 Suite; alle mit Bad und Dusche, Telefon, TV, Safe • **Anlage:** Terrassen, Garten, Schwimmbad • **Kreditkarten:** AE, DC, MC, V • **Behinderte:** einige Zimmer im Erdgeschoss, jedoch keine besonderen Einrichtungen • **Tiere:** nicht erlaubt • **Geschlossen:** Mitte Jan. bis Mitte März **Sprachen:** Englisch, Französisch • **Besitzer:** Guido und Martina Bevilaqua

Siena

Fattoria Pieve a Salti
Bäuerliches Gästehaus

Pieve a Salti, Buonoconvento, 53022 Siena

Tel & Fax (0577) 807244
E-Mail info@pieveasalti.it
Mahlzeiten: Frühstück, Mittag- und Abendessen
Preise: €
Geschlossen: nie

Hier ist der ideale Ort für alle, die sich gerne im Freien aufhalten. Zu Pieve a Salti gehören 550 Hektar Landwirtschaft und ein Jagdrevier, die das Restaurant mit Olivenöl, Käse, Fleisch und Wild versorgen. Die auf mehrere Gutsgebäude verteilten komfortablen Zimmer und Appartements sind mit Steinwänden, Terrakottaböden, alten Balkendecken und Mahagonischränken in typisch toskanischem Stil gehalten. Für Angler gibt es sechs Fischteiche, für Müßiggänger einen Swimmingpool. Kürzlich entstand ein Wellness-Center mit Hallenbad, türkischem Bad, Sauna, Massage und Gymnastikhalle.

Villa Casalecchi
Ländliche Villa

Casalecchi, Castellina in Chianti, 53011 Siena

Tel (0577) 740240
Fax (0577) 741111
E-Mail casalecchi@tuscany.net
Mahlzeiten: Frühstück, Mittag- und Abendessen
Preise: €€–€€€
Geschlossen: Okt. bis März

Die Villa aus dem 18. Jh. steht an einem terrassierten Hang zwischen Wald und Weinbergen südlich von Castellina. Das Gebäude ist nicht gerade ein architektonisches Kleinod, aber seine abgeschiedene Lage in herrlicher Umgebung entschädigt für das nüchterne, strenge Äußere. Das einstige Jagdhaus wurde mit massiven alten Möbeln eingerichtet. Den Speiseraum schmücken elegante Fresken. Noch schöner sitzt man bei schönem Wetter zum Frühstück, Mittag- und Abendessen auf der Terrasse mit Blick auf die offene Landschaft. Die Zimmer befinden sich in der Villa und in einem Anbau. Es gibt einen Swimmingpool und darunter eine an einen Weinberg angrenzende Terrasse mit Sonnenliegen.

Siena

Castelnuovo Berardenga

Podere Colle ai Lecci

Bauernhaus mit Appartements

San Gusme, Castelnuovo
Berardenga, 53010 Siena

Tel (0577) 359084
Fax (0577) 358914
Mahlzeiten: Frühstück, Mittag-
und Abendessen
Preise: €€
Geschlossen: nie

Der dänische Besitzer dieses alten steinernen Bauernhauses, Brent W. Myhre, der stets für eine Überraschung gut ist, erzeugt nach der umfassenden Modernisierung der Weinproduktionsstätten unter anderem einen der besten Chianti-Classico-Weine. Die Lage des Anwesens inmitten von Weinbergen, Olivenhainen und Zypressen (übrigens bedeutet Colle ai Lecci »Steineichenhügel«) ist typisch für das Chianti. Einige Appartements haben eine eigene Terrasse, einige einen kleinen privaten Garten. Von hier aus bieten sich schöne Ausblicke in das Val d'Orcia. Auf dem Gut werden naturgemäß Wein und Olivenöl zum Verkauf angeboten.

Castel san gimignano

Le Volpaie

Vorstadthotel

Via Nuova 9, Castel San
Gimignano, 53030 Siena

Tel (0577) 953140
Fax (0577) 953142
E-Mail levolpaie@iol.it
Website www.hotelvolpaie.it
Mahlzeiten: Frühstück
Preise: €-€€
Geschlossen: 10. Nov. bis
10. März

Das kleine, moderne Hotel mit Swimmingpool befindet sich am Rande von Castel San Gimignano (einem im Gegensatz zum Hotel eher charakterlosen Städtchen) inmitten einer typisch toskanischen Landschaft. Es ist ein idealer Ausgangspunkt für Ausflüge mit dem Auto oder dem Fahrrad in die Umgebung. Der freundliche Empfang durch die Besitzer Anna und Luca Sozzi, die bequemen, sauberen Zimmer (viele mit eigenem Balkon) und der schöne Garten machen das Le Volpaie empfehlenswert. Zum Frühstück gibt es ein beeindruckendes Büfett.

Siena

Belvedere
Ländliche Villa

Belvedere, Colle Val d'Elsa,
53034 Siena

Tel (0577) 920966
Fax (0577) 924128
Mahlzeiten: Frühstück
Preise: €–€€
Geschlossen: nie

Die schon etwas in die Jahre gekommene Villa auf einem riesigen Grundstück fungiert hauptsächlich als Restaurant, in dem große Ereignisse wie Hochzeiten gefeiert werden. Sie war ursprünglich der Landsitz des Conte Ceramelli aus Florenz und ist heute im Besitz der Familien Conti und Iannone. In den weitläufigen gepflegten Gärten wachsen auch die aromatischen Kräuter, die Chefkoch Daniele für seine ausgezeichneten traditionellen toskanischen Gerichte benötigt. Das Gästebuch ist voller begeisterter Kommentare. Es finden auch Kochkurse statt. Die Gästezimmer sind überwiegend in rustikalem Stil eingerichtet und mit Doppelglasfenstern ausgestattet.

Castello di Fonterutoli
Dorf mit Appartements

Fonterutoli, Castellina in Chianti,
53011 Siena

Tel (0577) 73571
Fax (0577) 735757
E-Mail fonterutoli@fonterutoli.it
Mahlzeiten: Selbstversorgung
Preise: €
Geschlossen: nie

Inmitten des Chianti-Classico-Gebietes (auf dem Weingut der Familie Mazzei, die bereits seit über 500 Jahren die Kultivierung von Reben und Produktion von Weinen betreibt) beherbergt das malerische Dorf in seinen um den Hauptplatz gruppierten Steinhäusern einige stilvoll umgebaute und eingerichtete Appartements, die wochenweise gemietet werden können. Sie wurden von der Marchesa im Landhausstil mit Familienporträts an den Wänden und antiken Möbeln ausgestattet. Im guten Restaurant werden auch heimische Produkte verkauft. Es werden Führungen durch die gutseigenen Weinberge und -keller mit Probe der prämierten edlen Tropen angeboten. Außerdem gibt es einen Swimmingpool.

SIENA

GAIOLE IN CHIANTI

Castello di Tornano
Appartements auf dem Land

Lecchi, Gaiole in Chianti, 53013 Siena

Tel (0577) 746067 • **Fax** (0577) 746094 • **E-Mail** info@ castelloditornano.it • **Website** www.castelloditornano.it
Mahlzeiten: Selbstversorgung
Preise: €–€€
Geschlossen: nie

Der 1000 Jahre alten massive Turm ist einer der zahlreichen über die Toskana verstreuten Verteidigungs- und Beobachtungsposten mit Blick auf für diesen wilderen Teil des Chianti typische steile, bewaldete Hänge. Die meisten Appartements befinden sich in einem an den Turm angebauten Steinhaus. Jedes hat ein Wohnzimmer, eine Küchenzeile und ein bis zwei Schlafzimmer. Alle sind in schlichtem rustikalem Stil möbliert. Der Turm beherbergt einige eleganter ausgestattete Appartements, die einen eigenen Eingang und Gartenbereich haben. Der Swimmingpool ist für alle zugänglich und befindet sich an der Stelle des ehemaligen Burggrabens. In der Nähe gibt es eine typisch toskanische Trattoria und einen See.

MONTEFOLLONICO

La Chiusa
Ländliches Gästehaus

Via della Madonnina 88, 53040 Montefollonico, Siena

Tel (0577) 669668
Fax (0577) 669593
E-Mail info@ristorantelachiusa.it
Website www.ristorantelachiusa.it
Mahlzeiten: Frühstück, Mittag- und Abendessen
Preise: €€€

Geschlossen: Jan. bis März; Restaurant Di

Viele der besseren Hotels in diesem Führer haben als Restaurants angefangen, um dann für Gäste, die übernachten wollen, ein paar Zimmer einzurichten. Im Allgemeinen bleibt das Restaurant aber der Mittelpunkt des Betriebs, was auch für das La Chiusa, ein Steinhaus und eine Olivenpresse, gilt. Die großen Zimmer sind individuell eingerichtet: mit Antikmöbeln, farbenfrohen Teppichen auf Terrakottaböden und modernen Lampen. Die Badezimmer sind makellos. Die Besitzerin Diana Masotti ist zu Recht stolz auf ihre in dem eleganten, preiswerten Restaurant servierten Gerichte, die über das regionale Angebot hinausgehen, auch wenn die Zutaten vom Bauernhof und aus dem Gemüsegarten kommen.

Siena

Montorio

Selbstversorger-Appartements
auf dem Land

Strada per Pienza 2, 53045
Montepulciano, Siena

Tel (0578) 717442
Fax (0578) 715456
E-Mail info@montorio.com
Website www.montorio.com
Mahlzeiten: Frühstück auf
Anfrage
Preise: €–€€
Geschlossen: Mitte Nov. bis
Ende Jan.

Speziell aufgrund ihrer außergewöhnlichen Lage wurde diese
Gruppe von Selbstversorger-Appartements in unseren Führer aufgenommen. Sie thronen auf einem kleinen Hügel außerhalb Monte-
pulcianos und bietet einen Ausblick auf die bemerkenswerte Kirche
San Biagio. Die Appartements sind sauber, gut ausgestattet und
hübsch eingerichtet. Vom teuersten Appartement eröffnet sich ein
schöner Panoramablick. Es gibt auch einen gepflegten Garten, aber
keinen Swimmingpool. Hier lohnt sich ein längerer Aufenthalt, um
die Weinstadt Montepulciano, die Renaissance-Stadt Pienza und andere Kleinode in der südlichen Toskana zu besuchen.

Il Riccio

Gästehaus in der Stadt

Via Talosa 21, Montepulciano,
53045 Siena

Tel (0578) 757713
Fax (0578) 757713
E-Mail info@ilriccio.net
Mahlzeiten: Frühstück
Preise: €
Geschlossen: die ersten 10 Tage
im Juni, die ersten 10 Tage im
Nov.

Mitten im Zentrum der alten Stadt Montepulciano, nahe der Piazza
Grande, gelegen, wurde das auf das 13. Jh. zurückgehende Gebäude
kürzlich restauriert, wobei es viel von seinem ursprünglichen Charakter verlor. Der Eingang und der Hof mit Säulengang blieben aber
erhalten. Es ist seit vielen Jahren im Besitz der gastfreundlichen Familie Caroti (die derzeitigen Eigentümer sind Ivana und Giorgio
Caroti) und hat dadurch viele Stammgäste. Die Zimmer sind klein
und mit großen, bequemen Betten ausgestattet; manche eröffnen
spektakuläre Ausblicke auf die Stadt, weshalb man bei der Buchung
nach diesen Zimmern fragen sollte. Das Il Riccio bietet ein gutes
Preis-Leistungsverhältnis.

SIENA

MONTERIGGIONI

Castel Pietraio
Appartements in Burg und
Bauernhaus

Castel Pietraio, Monteriggioni,
53035 Siena

Tel (0577) 301038
Fax (051) 221376
E-Mail m.delnero@tin.it
Mahlzeiten: Selbstversorgung
Preise: €€
Geschlossen: nie

Toskana-Liebhaber finden
entweder innerhalb der beeindruckenden grauen Steinmauern des
Castel Pietraio (es war ursprünglich einer der Sieneser Verteidi-
gungsposten) oder in einem Gebäude auf dem Gut solide Appartements vor. Die komfortablen Doppelzimmer befinden sich in einem
kleinen Haus aus dem 17. Jh. Der Park und der Swimmingpool sind
sehr gepflegt. In der Nähe liegt Monteriggioni, noch ein als Vor-
posten gegen Florenz errichtetes Kastell. Das Castel Pietraio ist ein
guter Ausgangspunkt für Ausflüge nach Siena, Florenz, San Gimignano und Volterra.

MONTICIANO

Locanda del Ponte
Ländliches Hotel

Ponte a Macereto, Monticiano,
53015 Siena

Tel (0577) 757108
Fax (0577) 757110
E-Mail info@locandadelponte.it
Mahlzeiten: Frühstück, Mittag-
und Abendessen
Preise: €€–€€€
Geschlossen: Februar

Der Gasthof aus dem 17. Jh. war früher eine Poststation. Die besten
der insgesamt 23 elegant-rustikal eingerichteten Zimmer (alle verfügen über Bad oder Dusche, Telefon, TV, Minibar und Klimaanlage) bieten einen Ausblick auf die verfallene Brücke, die der Locanda ihren Namen gab, und den Fluss Merse, dessen Ufer als
Privatstrand des Hotels dient. Aufgrund seiner Vorzüge und seiner
Lage (für Ruhesuchende bietet sich hier ländliche Stille, aber auch
Siena ist nicht weit entfernt) eignet sich das Hotel für einen längeren Aufenthalt.

Siena

Locanda del Mulino
Restaurant mit Gästezimmern

Mulino delle Bagnaie, Monti in Chianti, 53010 Siena

Tel & Fax (0577) 747103
E-Mail info@locandadelmulino.com
Mahlzeiten: Frühstück, Abendessen
Preise: €
Geschlossen: Nov. bis März

Eine alte Steinmühle zwischen einem Bach und einer Straße im grünen Val d'Esse wurde in ein Restaurant mit Gästezimmern umgewandelt. Glücklicherweise gehen die meisten Zimmer nicht zur Straße hinaus. Sie sind in gedämpften Farben gehalten und mit schmiedeeisernen Betten und bequemen toskanischen Möbeln ausgestattet. Im Erdgeschoss befindet sich ein schöner Aufenthaltsraum und ein preiswertes, mit alten Terrakottatöpfen und Trockenblumensträußen dekoriertes Restaurant, in dem toskanische und umbrische Spezialitäten serviert werden. Den Gästen steht auch ein Swimminpool zur Verfügung. Die bezaubernde Etruskerstadt Cortona liegt sieben Kilometer entfernt.

Mulino di Quercegrossa
Ländliches Gästehaus

Via Chiantigiana, Quercegrossa,53011 Siena

Tel & Fax (0577) 328129
Mahlzeiten: Frühstück und Abendessen
Preise: €
Geschlossen: Jan. bis Mitte März

Die umgebaute Mühle nahe der Chiantigiana (der alten Straße von Florenz nach Siena) ist von terrassierten Gärten umgeben. Das große Restaurant und der Eissalon sind bei den Einheimischen sichtlich äußerst beliebt. Die Spezialitäten des Restaurants sind hausgemachte Pasta und Grillfleischgerichte, z. B. *bistecca alla fiorentina* für zwei Personen. Der Service ist exzellent, die Preise angemessen. Die Zimmer sind in einem modernen rustikalen Stil eingerichtet. Die Mulino di Quercegrossa liegt nur acht Kilometer von Siena entfernt, und Florenz kann in einer Stunde mit dem Auto erreicht werden.

Siena

Radda in Chianti

Castello di Volpaia
Appartements auf dem Land

Volpaia, 53017 Radda in Chiani, Siena

Tel (0577) 738066
Fax (0577) 738619
E-Mail info@volpaia.com
Website www.volpaia.com
Mahlzeiten: Frühstück
Preise: €€
Geschlossen: nie

Obwohl im tiefsten Chianti
gelegen, wurde das befestigte Dorf auf einem Hügel, in dem berühmte Weine erzeugt werden, inzwischen vom Tourismus entdeckt. Den Gästen stehen einige Appartements zur Verfügung. In der Nähe befindet sich das geräumigere Podere Casetto mit eigenem Garten und Swimmingpool. In einem altmodischen Kramladen mit Bar bekommt man Dinge des täglichen Bedarfs, heimische Produkte und Snacks. Volpaia ist von Radda in Chianti aus in nördlicher Richtung über eine Nebenstraße zu erreichen. Von hier aus gibt es gute Wanderwege.

Rocca d'Orcia

Cantina il Borgo
Restaurant mit Gästezimmern

Roccia d'Orcia, 53027 Siena

Tel (0577) 887280
Fax (0577) 955102
Mahlzeiten: Frühstück, Abendessen
Preise: €€
Geschlossen: Nov. bis März

Das an der zentralen Piazza eines gut erhaltenen
mittelalterlichen Dörfchens gelegene Restaurant bietet auch ein paar stilvoll eingerichtete Gästezimmer. Das Gebäude wurde Anfang des 18. Jhs. als Kutschenstation errichtet, was im Speiseraum noch an seinem Gewölbe, dem alten Fliesenboden und der großen Holztheke ablesbar ist. Die Küche bietet köstliche regionale Spezialitäten mit dem Schwerpunkt auf Fleisch – so sind die *bistecce alla fiorentina* ein Gedicht, empfehlenswert sind aber auch Gerichte mit Pilzen und Ricotta, dem Schafsmilchfrischkäse. Von hier ist es nicht weit zu den Thermalquellen von Bagno Vignoni und der Renaissance-Stadt Pienza.

Siena

Il Casolare di Libbiano
Ländliches Gästehaus

Libbiano 3, San Gimignano, 53037 Siena

Tel & Fax (0577) 946002
Website
www.casolare.libbiano.it
Mahlzeiten: Frühstück, Abendessen
Preise: €€
Geschlossen: Nov. bis März

Das sorgfältig restaurierte und geschmackvoll eingerichtete alte Bauernhaus (hier wurde früher Olivenöl erzeugt) bietet inmitten von Weingärten und Olivenhainen ländliche Abgeschiedenheit, von hier aus sind San Gimignano und Siena jedoch leicht zu erreichen. Die jetzigen Eigentümer haben Empfangsräume und Zimmer in schlichtem, aber elegantem toskanischem Stil gestaltet: weiße Wände, Terrakottaböden, Balken- oder freskierte Decken und antike Möbel. Für Erholung suchende Gäste gibt es einen Swimmingpool mit komfortablen Liegestühlen und viele Sitzecken, für Feinschmecker ausgezeichnete lokale Gerichte und für sportliche Gäste Mieträder.

La Fornace di Racciano
Umgebautes Bauernhaus

Racciano 6, San Gimignano, 53037 Siena

Tel & Fax (0577) 942156
E-Mail info@ lafornacediracciano.it
Mahlzeiten: Frühstück
Preise: €-€€
Geschlossen: Nov. bis Feb., außer Weihnachten

Hauptattraktion dieses in ländlicher Umgebung gelegenen komfortablen ehemaligen Bauernhauses, das von einer jungen Familie gemanagt wird, ist der fantastische Blick auf die Geschlechtertürme von San Gimignano. Die Einrichtung entspricht dem schlichten toskanischen Stil mit Terrakotta, Balken, Backstein und Gips. Die großen Zimmer haben weiße Wände, Terrakottaböden und Deckenbalken, sie sind für manchen Geschmack zu spartanisch eingerichtet. Der Frühstücksraum mit Kamin ist in der ehemaligen Scheune untergebracht. Ein weiterer Pluspunkt ist der hübsche Swimmingpool. Die Preise für Übernachtung mit Frühstück sind angemessen.

Siena

Il Mattone
Ländliches Gästehaus

Mattone (strada per Ulignano),
San Gimignano, 53037 Siena

Tel & Fax (0577) 950075
Website www.
agitourismoilmattone.it
Mahlzeiten: Frühstück
Preise: €–€€
Geschlossen: nie

Il Mattone ist ein Agriturismo-Betrieb, in dem Wein und Olivenöl produziert werden. Er liegt fünf Kilometer nordöstlich von San Gimignano auf einem Hügel, von dem sich wunderbare Panaromablicke auf die typische toskanische Landschaft bieten. In zwei Gebäuden des Gutes wurden Gästezimmer und Appartements mit eigenem kleinem Garten eingerichtet, die sich eine Küche, einen Ess- und einen Aufenthaltsbereich teilen. Neben einem Swimmingpool stehen Tennisplätze, Kegelbahn und Reitställe in der Nähe zur Verfügung. In einem Auditorium im antiken Stil finden Konzerte und verschiedene Veranstaltungen statt.

Monchino
Ländliches Gästehaus

Casale 12, San Gimignano,
53037 Siena

Tel (0577) 941136
Fax (0577) 943042
Mahlzeiten: Frühstück
Preise: €
Geschlossen: Dez. bis Feb.

Ein ungepflasterter Weg führt zu diesem alten, in Teilen aus dem 15. Jh. stammenden und etwa drei Kilometer östlich von San Gimignano gelegenen Bauernhaus. Vom reizenden Garten mit vielen Blumentöpfen bieten sich schöne Blicke über die Weingärten auf die Stadt. Die Besitzer bemühen sich nach einem freundlichen Empfang sehr um ihre Gäste. Die schlichten, hellen Zimmer befinden sich in der ehemaligen Scheune und bieten ein angemessenes Preis-Leistungsverhältnis. Die hier erzeugten Produkte wie Vernaccia-Weißwein, Chianti-Rotwein, Grappa und Olivenöl stehen natürlich auch zum Verkauf. Für Gruppen werden Weinproben organisiert. Es gibt die Möglichkeit zum Bogenschießen.

Siena

San Gimignano

Podere Montese
Ländliches Gästehaus

Fugnano, Via Cellole 11, San
Gimignano, 53037 Siena

Tel (0577) 941127
Fax (0577) 907350/938856
E-Mail montese@tuscany.net
Website www.tuscany.net/
Mahlzeiten: Frühstück
Preise: €
Geschlossen: nie

In spektakulärer Lage auf
einem Hügel gut einen Kilometer nördlich von San Gimignano gelegen, wird einem hier nach herzlichem Empfang friedvolle Ruhe
geboten. Die Zimmer sind schlicht, aber hübsch mit weiß gefliesten
Böden und modernem rustikalem Mobiliar ausgestattet. Den Gästen stehen ein großer Aufenthaltsraum mit Kamin und zwei Küchen
zur Verfügung. 100 Meter vom Hauptgebäude entfernt gibt es noch
ein Appartement für drei Personen. Die Gartenterrasse ist ein schönes Plätzchen zum Entspannen, und vom Swimmingpool eröffnen
sich fantastische Panoramablicke. Neben einem Mountainbikeverleih (1 km) besteht in der Nähe die Möglichkeit zum Fischen, Tennisspielen (5 km) und Reiten (6 km).

San Gimignano

Podere Villuzza
Bed & Breakfast auf dem Land

Strada 25, San Gimignano, 53037
Siena

Tel (0577) 940585
Fax (0577) 942247
E-Mail viluzza@tin.it
Mahlzeiten: Frühstück,
Abendessen
Preise: €€
Geschlossen: nie

Das einfache Bauernhaus mit ein paar Gästezimmern und kleinen
Appartements liegt am Ende einer ungepflasterten Straße, drei Ki-
lometer nördlich von San Gimignano. Der Hof wird noch voll be-
wirtschaftet, und die Rebhänge reichen fast bis zur Haustür. Hier
bieten sich spektakuläre Ausblicke auf die typische toskanische
Hügellandschaft. Die attraktiven rustikalen Zimmer zieren Balken,
solide Holzmöbel und Patchwork-Tagesdecken. Neben einem
Swimmingpool gibt es für sportlich interessierte Gäste auch noch
Tischtennis, einen Mountainbikeverleih sowie Reitställe in fünf
Kilometer Entfernung.

SIENA

San Michele
Ländliches Gästehaus

Strada 14, San Gimignano, 53037 Siena
Tel & Fax (0577) 940596
E-Mail info@sanmichelehotel.it
Website www.sanmichelehotel.it
Mahlzeiten: Frühstück
Preise: €
Geschlossen: 8. Jan. bis 15. März

Dieses unprätentiöse Hotel gut einen Kilometer von San Gimignano entfernt wird von zwei Schwestern, Paola und Roberta, geführt, die den Gästen einen herzlichen Empfang bereiten. Die Gemeinschaftsräume sind hell und modern gestaltet, die hübschen, allerdings nicht sehr großen Zimmer funktional eingerichtet. Alle haben ein neues Bad. Es gibt auch behindertengerechte Zimmer. Die Freude am Garten wird durch den Straßenverkehr etwas beeinträchtigt, aber es gibt genug schattige Plätze zum Entspannen, und vom Swimmingpool bieten sich fantastische Ausblicke.

Villa Baciolo
Ländliches Gästehaus

San Donato, San Gimignano, 53037 Siena

Tel & Fax (0577) 942233
Mahlzeiten: Frühstück
Preise: €
Geschlossen: Nov. bis März

Das mittelalterliche Gebäude, das nur vier Kilometer von San Gimignano und 30 Kilometer von Siena entfernt liegt, wurde gründlich, aber behutsam restauriert. Das einfache Gästehaus bietet zu vernünftigen Preisen erstaunlich stilvolle Zimmer und zwei kleine Appartements, aber auch ein interessantes Ziegelgewölbe. Der Schatten spendende Garten birgt eine Terrasse, auf der das Frühstück inklusive herrlicher Ausblicke serviert wird, und einen Swimmingpool. Aktive Gäste können Wanderungen auf alten Pfaden in die Umgebung machen (einen entsprechenden Plan gibt es auf Nachfrage) oder San Gimignano und Siena einen Besuch abstatten.

Siena

San Gimignano

Villa Belvedere
Ländliches Hotel

Via Dante 14, San Gimignano,
53037 Siena

Tel (0577) 940539
Fax (0577) 940327
E-Mail
hotel.villa.belvedere@tin.it
Mahlzeiten: Frühstück,
Abendessen
Preise: €
Geschlossen: nie

Die Jugendstilvilla aus dem späten 19. Jh. wurde in zeitgenössischem hellem Stil eingerichtet, was vor allem Gästen entgegenkommen dürfte, die modernen Komfort mehr schätzen als vergilbten Charme. Die erstaunlich preisgünstigen, funktional eingerichteten Zimmer sind in sanften Pastelltönen gehalten. Der hübsch angelegte üppige Park mit Palmen, Olivenbäumen, Zypressen und Rosmarinsträuchern schirmt die Verkehrsgeräusche von der nahen Straße leider nur bedingt ab. Hier stehen den lärmunempfindlicheren Gästen zum Entspannen viele kleine, von Bäumen oder Sonnenschirmen beschattete Tische und Stühle sowie ein Swimmingpool zur Verfügung.

Sarteano

Le Anfore
Ländliches Gästehaus

Via di Chiusi 30, 53047 Sarteano,
Siena

Tel (0578) 265969
Fax (0578) 265521
E-Mail manola@intuscany.net
Website www.balzarini.it
Mahlzeiten: Frühstück,
Abendessen
Preise: €€
Geschlossen: 7. bis 30. Nov.

Das alte restaurierte Bauernhaus in unverdorbener toskanischer Landschaft nahe Sarteano und Cetona besitzt wenig Flair und Stil, aber eine rustikale Atmosphäre. Im Aufenthaltsraum beeindrucken Ziegelbogen und ein großer Kamin. Die meisten Zimmer sind relativ groß und geschmackvoll mit polierten Parkettböden und Orientteppichen sowie schön gekachelten und beleuchteten Badezimmern ausgestattet. Ein großer Swimmingpool im Garten sowie Möglichkeiten zum Tennisspielen und Reiten für Anfänger und Könner, aber auch die Nähe zum Val d'Orcia sowie die angemessenen Preise machen das Le Anfore zu einer guten Adresse.

Siena

Santa Chiara
Umgebaute Abtei

Piazza Santa Chiara, Sarteano,
53047 Siena

Tel (0578) 265412
Fax (0578) 266849
E-Mail rsc@cyber.dada.it
Website www.cybermarket.it/rsc
Mahlzeiten: Frühstück,
Abendessen
Preise: €€–€€€
Geschlossen: je 10 Tage im Feb.
und Nov.

Ein ehemaliges Frauenkloster aus dem 16. Jh. wurde stilvoll in ein
Restaurant und Hotel umgewandelt. Vom ummauerten Garten bietet sich ein unverbauter Blick auf das für seine Rinder berühmte Val
di Chiana. Möbel und Dekoration sind eine Mischung verschiedener Stile, wobei das Rustikale überwiegt. Es gibt vier Doppel-, zwei
Dreibettzimmer und eine früher als Domizil für die Äbtissin die-
nende Suite mit altem Backofen, die einen Ausblick auf Val di Chiana und Lago di Trasimeno gewährt. Im Restaurant mit Ziegelgewölbe werden vorwiegend toskanische Gerichte mit Schwerpunkt
auf Trüffeln und Pilzen serviert. Hier werden auch einwöchige
Kochkurse abgehalten.

Santa Caterina
Stadthotel

Via Enea Silvio Piccolomini 7,
53100 Siena

Tel (0577) 221105
Fax (0577) 271087
E-Mail info@hscsiena
Website www.hscsiena.it
Mahlzeiten: Frühstück
Preise: €€
Geschlossen: nie

Eine Patriziervilla aus dem
18. Jh. nahe der Porta Romana wurde in ein elegantes, gemütliches
kleines Hotel (es gibt nur Frühstück) umgewandelt. Vor kurzem
wurde es vergrößert, hat seinen intimen Charakter jedoch weitge-
hend bewahrt. Die Zimmer zur Gartenseite hin sind ruhig, die zur
Straßenseite hin gut schallisoliert. Ausgewählte Antiquitäten sowie
originale Stilelemente wie Marmorkamine oder Fresken bilden mit
dazu passenden Stoffen ein harmonisches Ganzes. Das Frühstück
wird bei schönem Wetter auf der Terrasse serviert. Vom Garten bieten sich Fernblicke auf das Tal und die Stadt.

SIENA

Villa Scacciapensieri
Stadtvilla

Via di Scacciapensieri, 10, 53100
Siena
Tel (0577) 41441
Fax (0577) 270854
E-Mail villasca@tin.it
Mahlzeiten: Frühstück
Preise: €€–€€€
Geschlossen: Jan. bis Mitte März

Die auf einem Hügel zwei Kilometer nordöstlich von Sienas Altstadt gelegene Villa aus dem 19. Jh. bietet sowohl Ausblicke auf die entzückende Silhouette der Stadt als auch auf die friediche toskanische Landschaft. Die schönen, großen Zimmer mit verzierten Balkendecken sind schlicht eingerichtet. Der französische Garten mit Buchsbaumhecken verdeckt die neuen Vorstadtbauten. Im großen Park steht den Gästen eine schattige Terrasse zum Essen und Entspannen, von Juni bis September ein nicht beheizter Swimmingpool, ein Tennisplatz und ein Parkplatz zur Verfügung.

PERUGIA

ASPROLI

Poggio d'Asproli
∽ Ländliches Gästehaus ∽

Loc. Asproli 7, 06059 Todi, Perugia
Tel & Fax (075) 8853385
E-Mail poggio@todi.net **Website** www.todi.net/poggio

»Neapel sehen und sterben!« Mancher will diese Bekanntschaft nicht gleich mit dem Leben bezahlen, sondern braucht danach nur etwas Ruhe und Frieden. Das traf auch für Bruno Pagliari zu, und er verkaufte sein großes Hotel im Süden, um als Künstler in der Stille der grünen Täler Umbriens zu arbeiten. Aber er hat die Begeisterung für das Gastgewerbe im Blut; deshalb öffnete er sein Bauernhaus auf der Höhe für Gäste, die wie er eine Oase der Ruhe suchen.

Der weitläufige Bau aus den Steinen dieser Gegend ist angefüllt mit einer faszinierenden Mischung aus Antiquitäten und Brunos moderner Kunst. Der Hauptaufenthaltsraum mit dem großen Kamin und den weißen Sofas wird von einer langen Terrasse flankiert, wo man das Essen einnehmen oder einfach entspannt sitzen und dem Gesang der Vögel von den bewaldeten Hügeln lauschen kann. Im Haus gibt es schön bemalte Türen zu bewundern, und Lampen aus Pergamentpapier beleuchten alte Holzschnitzereien. In den hübschen Schlafzimmern kann man nur Angenehmes träumen.

Die Atmosphäre ist beruhigend, entspannt, aber doch nicht feierlich. Abgesehen vom Vogelgezwitscher hört man nur leise Opernmusik.

∽

Umgebung: Todi (7 km): Orvieto (29 km) • **Lage:** Landhaus im eigenen Gelände
Mahlzeiten: Frühstück; Abendessen nach Wunsch • **Preise:** €€ • **Zimmer:** 9;
7 Doppelzimmer, 2 Suiten; alle mit Dusche oder Bad, Telefon • **Anlage:** Garten,
Schwimmbad, Terrasse, Aufenthaltsraum • **Kreditkarten:** AE, MC, V • **Tiere:** nicht
erlaubt • **Behinderte:** Zugang schwierig • **Geschlossen:** Jan. bis Feb. • **Sprachen:**
Deutsch, Englisch, Französisch • **Besitzer:** Bruno Pagliari

PERUGIA

ASSISI

Le Silve
～ Landhotel ～

Loc. Armenzano, 06081 Assisi, Perugia
Tel 075 8019000 **Fax** 075 8019005
E-Mail hotellesilve@tin.it **Website** www.lesilve.it

Auch wenn Sie gar nicht vorhaben, hier zu übernachten, lohnt sich
die Fahrt hinauf nach Le Silve – aber nur, wenn Sie nicht allzu ängst-
lich sind. Die Straße schlängelt sich über eine Reihe von Hügeln und
Pässen, bevor Sie das Gebäude erreichen, das ganz allein 700 m über
dem Meeresspiegel auf einem Bergkamm thront. Die Aussicht ist
einfach wundervoll. Le Silve ist ein altes Bauernhaus (wirklich sehr
alt – zum Teil aus dem 10. Jh.), das äußerst einfühlsam und gekonnt
für seinen jetzigen Zweck umgestaltet wurde. Es ist herrlich weit-
läufig; seine Zimmer befinden sich auf mehreren Ebenen. Das rustikale Flair wurde durch die glänzenden Fliesenböden, die unverputzten oder weißen Wände, die Holzbalkendecken und Vorleger und
die Möblierung mit ländlichen Antiquitäten geschickt bewahrt. Die
Zimmer sind stilvoll schlicht, die Suiten in etwa 1,5 km vom Hauptgebäude entfernten Villen untergebracht.
Die Zutaten für das Essen, Öl, Käse und Fleisch, stammen vom
hauseigenen Bauernhof. Le Silve liegt nahe genug bei Assisi, um die
dortigen Sehenswürdigkeiten zu besichtigen, aber auch so einsam,
dass man hier völlig ungestört ist. Außerdem stehen etliche Sport-
einrichtungen (darunter ein recht großer Pool) zur Verfügung.

Umgebung: Sehenswürdigkeiten von Assisi ● **Lage:** auf dem Land, 12 km östlich
von Assisi, zwischen der S444 und der S3; bitten Sie im Hotel um eine Wegbeschreibung; großer Parkplatz ● **Mahlzeiten:** Frühstück, Mittagessen, Abendessen, Zimmerservice ● **Preise:** €€€ ● **Zimmer:** 18; 11 Doppel- und 3 Einzelzimmer, 4 Suiten, alle mit Bad; alle Zimmer mit Telefon, TV, Minibar, Safe ● **Anlage:**
2 Aufenthaltsräume, Speiseraum, Bar, Terrasse, Swimmingpool, Tennisplatz, Sauna,
Reiten, Bogenschießen, Minigolf, Motorräder ● **Kreditkarten:** AE, DC, V
Behinderte: keine speziellen Einrichtungen ● **Tiere:** nicht erlaubt ● **Geschlossen:**
Mitte November bis Mitte Januar ● **Geschäftsführerin:** Daniela Taddia

PERUGIA

BEVAGNA

L'Orto degli Angeli
~ Stadthotel ~

Via Dante Alighieri, 06031 Bevagna, Perugia
Tel 0742 360130 **Fax** 0742 361756
E-Mail ortoangeli@ortoangeli.it **Website** www.ortoangeli.it

Bevagna ist ein weiteres verschlafenes kleines Dorf in Umbrien voller handwerklich-künstlerischer Kleinode. Das aus dem 17. Jh. stammende L'Orto degli Angeli liegt an der alten Via Flaminia im Zentrum des Ortes und ist vor allem aufgrund zweier Merkmale interessant: ein wunderschöner hängender Garten, der in einem alten römischen Amphitheater angelegt ist, und ein zitronengelb gestrichenes Restaurant, dessen eine Wand der Rest eines Minervatempels aus dem 1. Jh. darstellt.

Die Besitzerfamilie mit dem klangvollen Namen Antonini Angeli Nieri Mongalli hat auf die Restaurierung ihres faszinierenden Zuhauses viel Sorgfalt verwendet. Das Haus mit seinen Fresken, alten Terrakottaböden und riesigen Kaminen aus Stein ist immer noch sehr groß, aber es ist gleichzeitig anheimelnd und gemütlich – also alles andere als Furcht einflößend. Die Zimmer sind fantasievoll im großen Stil eingerichtet: Die hübschen Stoffe passen hervorragend zu den originalen Terrakottafliesen, den großartigen Familienantiquitäten und den bemalten Holzarbeiten. Die diversen modernen Annehmlichkeiten sind gänzlich den Blicken entzogen. Die Speisekarte im von Tiziana Antonini geführten Restaurant wechselt wöchentlich. Tiziana bäckt das Brot selbst täglich frisch und mahlt sogar ihr Mehl selbst. Auch die Marmeladen und Kuchen, die es zum Frühstück gibt, sind hausgemacht.

~

Umgebung: Assisi (24 km); Perugia (45 km); Spello (13 km) • **Lage:** 8 km südwestlich von Foligno, im Stadtzentrum; öffentlicher Parkplatz 100 m entfernt
Mahlzeiten: Frühstück, Mittagessen, Abendessen • **Preise:** €€€ • **Zimmer:** 18; 9 Doppelzimmer, 9 Suiten, alle mit Bad oder Dusche; alle Zimmer mit Telefon, TV, Klimaanlage, Minibar, Fön • **Anlage:** Frühstücksraum, Restaurant, Aufenthaltsraum, Leseraum, Garten • **Kreditkarten:** AE, DC, MC, V • **Behinderte:** nicht geeignet • **Tiere:** auf Anfrage • **Geschlossen:** Mitte Januar bis Mitte Februar
Besitzer: Tiziana und Francesco Antonini Angeli Nieri Mongalli

Perugia

Bovara di Trevi

Casa Giulia
∾ Ländliche Villa ∾

Via Corciano 1, Bovara di Trevi, 06039 Perugia
Tel (0742) 78257 **Fax** (0742) 381632
E-Mail casagiulia@umbria.net **Website** www.casagiulia.com

Das Haus, von dem Teile aus dem 14. Jh. stammen, ist ein günstiger Ausgangspunkt für Ausflüge in Umbriens berühmte Städte (Assisi, Perugia, Spoleto und Todi), aber auch ein prächtiger Platz, um sich von den vielen Sehenswürdigkeiten zu erholen. Die Villa, die unweit der Via Flaminia (Hauptverbindung Spoleto–Perugia) liegt, aber vom Verkehrslärm unberührt bleibt, wirkt sehr zurückhaltend; man hat das Gefühl, hier ist die Zeit seit den 30er Jahren stehengeblieben. Der Hauptaufenthaltsraum (nur auf Anfrage geöffnet), ein langes, rechteckiges Zimmer mit Türen und Fenstern zum schattigen Garten, hat einen offenen Kamin und enthält allerlei Sammlungen vom Großvater der jetzigen Besitzerin: altes Spielzeug, Fotoapparate, eine Spazierstock- und eine Schirmsammlung.
Sonst herrscht im Haus eine gutbürgerliche Atmosphäre. Der Frühstücksraum ist elegant, der Boden mit schwarzem und weißem Marmor belegt (im Sommer wird vor dem Haus unter der Pergola gefrühstückt). Die Zimmer sind etwas spartanisch, vielleicht deshalb, weil einige im früheren Personaltrakt liegen; aber das ist eher eine Frage der Atmosphäre als des Komforts.
∾

Umgebung: Assisi (22 km); Perugia (50 km); Spoleto (12 km) • **Lage:** auf eigenem Gelände außerhalb Bovara di Trevi; großer Parkplatz • **Mahlzeiten:** Frühstück **Preise:** € • **Zimmer:** 7 Doppelzimmer, 5 mit eigenem Bad oder Dusche; 2 mit gemeinsamem Bad, 2 Mini-Appartements für 3 Personen (Mindestaufenthalt 3 Tage) **Anlage:** Garten, Schwimmbad, Konferenzraum • **Kreditkarten:** ja • **Tiere:** nach Voranfrage • **Behinderte:** 1 Zimmer geeignet • **Geschlossen:** nie • **Sprachen:** Französisch, etwas Englisch • **Besitzerin:** Caterina Alessandrini Petrucci

PERUGIA

CAMPELLO SUL CLITUNNO

Il Vecchio Mulino
~ Alte Mühle ~

Loc. Pissignano, Via del Tempio 34, 06042 Perugia
Tel (0743) 521122 **Fax** (0743) 275097
E-Mail info@ilvecchiomulino.it **Website** www.perugiaonline.com

Es ist ein Rätsel, wieso dieses Gasthaus, das so nah an der belebten Straße Perugia–Spoleto liegt, eine solche Oase der Stille ist. Vernehmbare Geräusche kommen nur von den gurgelnden Bächen, die durch den Garten fließen. Wie es einer Mühle zukommt, stehen alle Gebäude in Verbindung mit dem Wasser. Die Auffahrt schlängelt sich um den Mühlenteich zu einem mit Kletterpflanzen bewachsenen Haus, an dem große, alte Mühlsteine lehnen. Die Gartenanlagen bestehen aus einer langen Landzunge mit Weiden, deren wehende Äste zu beiden Seiten ins Wasser hängen.

Es gibt endlos viele Aufenthaltsräume, die Möblierung ist höchst individuell: elegante weiße Sofas vor dem großen gemauerten Kamin, darüber holzgeschnitzte Lampen; Tische mit Lesepulten, auf denen frühe Ausgaben von Dantes »Purgatorio« stehen. Die Gästezimmer sind über die weitläufigen Gebäude verteilt und keineswegs feucht, wie man erwarten könnte. Sie sind sparsam mit schönen Antiquitäten möbliert, die weißen Wände von Lampen mit Pergamentschirmen beleuchtet.

Zur Zeit unseres Besuchs war es sehr friedlich hier, das Hotel ist aber in der Hochsaison und während der Festspiele in Spoleto sehr gut besucht.

~

Umgebung: Spoleto (11 km); Perugia (50 km) • **Lage:** 50 km südöstlich von Perugia zwischen Trevi und Spoleto; auf eigenem Gelände am Fluss Clitunno; Parkplatz in der Nähe • **Mahlzeiten:** Frühstück • **Preise:** €–€€ • **Zimmer:** 13; 2 Einzelzimmer, 6 Doppelzimmer, 5 Suiten, alle mit Bad oder Dusche, Telefon, Minibar, manche mit Klimaanlage • **Anlage:** Aufenthaltsräume, Bar, Gartenanlage • **Kreditkarten:** AE, DC, MC, V • **Tiere:** kleine Hunde erlaubt • **Kinder:** willkommen • **Behinderte:** Zugang schwierig • **Geschlossen:** Nov. bis März • **Sprachen:** Deutsch, Englisch, Französisch • **Besitzerin:** Paola Rapanelli

Perugia

Casalini

La Rosa Canina
~ Bäuerliches Gästehaus ~

Via dei Mandorli 23, Loc. Casalini, Panicale, 06064 Perugia
Tel & Fax (075) 8350660
E-Mail info@larosacanina.it **Website** www.larosacanina.it

Vom Dorf Casalini fährt man auf einem langen, kurvenreichen Weg 3 km hinaus bis in das stille, von Olivenbäumen gesäumte Tal, wo La Rosina liegt. Sandro Belardinelli und seine Frau sind hier seit 1989 zu Hause und haben einen Teil der beiden Landhäuser aus dem 15. Jh. für Gäste reserviert.

Die Hundsrose, die dem Anwesen seinen Namen gegeben hat, ist nur ein Element in der Blumenfülle, die den Böschungen im Vorgarten das ganze Jahr Farbe verleiht. Hinter dem Haus gibt es Tiere und einen eingezäunten Gemüsegarten; hier herrscht, anders als in vielen bäuerlichen Gästehäusern, richtiges Landleben.

Im Haus sind die Zimmer relativ groß und mit einem Mischmasch aus mehr oder weniger alten Möbeln eingerichtet. Die hölzernen Futtertröge im Speiseraum unten erinnern daran, dass hier früher der Stall war. Das abendliche Menü mit Gerichten der *cucina umbra* wechselt je nach Saison; Signora Belardinelli, eine geborene Schweizerin, legt Wert auf qualitätvolle Zutaten. Alle Gemüse kommen aus dem Garten, das Olivenöl aus eigener Erzeugung, ebenso das meiste Fleisch und auch die Marmelade auf dem Frühstückstisch.

Umgebung: Lago Trasimeno (8 km); Panicale (8 km) • **Lage:** 3 km Weg oberhalb des Dorfes Casalini; großer Parkplatz • **Mahlzeiten:** Frühstück und Abendessen **Preise:** €; Mindestaufenthalt 3 Tage • **Zimmer:** 8; 5 Doppelzimmer, 3 Dreibettzimmer, alle mit Bad • **Anlage:** Restaurant, Garten, Schwimmbad, Reiten (auch Unterricht), Bogenschießen, Tischtennis, Bowling • **Kreditkarten:** AE, MC, V **Behinderte:** keine besonderen Einrichtungen • **Tiere:** nicht erlaubt • **Geschlossen:** Nov. bis Ostern • **Sprachen:** Deutsch, etwas Englisch • **Besitzer:** Sandro Belardinell

Perugia

Castel Rigone

Relais La Fattoria

～ Stadthotel ～

Via Rigone 1, Castel Rigone, Lago Trasimeno, 06060 Perugia
Tel (075) 845322 **Fax** (075) 845197
E-Mail pammelati@edisons.it **Website** www.relaislafattoria.com

In den Bergen nordöstlich des Lago Trasimeno liegt das kleine mittelalterliche Städtchen Castel Rigone, eine Handvoll Häuser um eine hübsche Piazza. Im Zentrum steht das frühere Herrenhaus, jetzt ein nettes, von einer Familie betriebenes Hotel.
Sie fühlen sich gut aufgehoben, wenn Sie in die Rezeption mit der Holzdecke, dicken Mauern und bequemen Sofas eintreten; aufmerksames Personal ist Ihnen behilflich. Die Aufenthaltsräume unten sind geschmackvoll eingerichtet, mit Orientteppichen auf den Korkböden und hellen modernen Bildern an den Wänden. Der einzige Anbau, der vom Denkmalamt erlaubt wurde, ist das Restaurant, das sich aber perfekt anpasst; frischer Fisch aus dem See zählt zu den Spezialitäten. Die Zimmer, von denen man den Blick auf den See genießt, sind eher komfortabel als individuell eingerichtet, die Bäder sämtlich hell und neu.
An der Vorderfront des Hauses erstreckt sich über seine gesamte Breite eine Terrasse mit Sitzplätzen und einem kleinen Schwimmbad. Hier wird bei schönem Wetter das üppige Frühstücksbuffet (mit hausgebackenem Brot, selbstgemachten Marmeladen, Räucherfleisch) aufgebaut.

～

Umgebung: Perugia (27 km); Assisi (35 km); Gubbio (50 km) • **Lage:** 27 km nordwestlich von Perugia im Zentrum der Stadt; Parkplatz in der Nähe • **Mahlzeiten:** Frühstück, Mittag- und Abendessen • **Preise:** €–€€€ • **Zimmer:** 29; 3 Einzel-, 23 Doppelzimmer, 3 Junior-Suiten, alle mit Bad oder Dusche, Telefon, TV, Minibar **Anlage:** Aufenthaltsraum, Restaurant, Terrasse, Schwimmbad • **Kreditkarten:** AE, DC, MC, V • **Tiere:** nach Voranfrage • **Behinderte:** keine besonderen Einrichtungen **Geschlossen:** nie; Restaurant Jan. • **Sprachen:** Deutsch, Englisch, Französisch **Besitzer:** Familie Pammelati

Perugia

Castel Ritaldi

La Gioia

~ Hotel im Landhausstil ~

Cole del Marchese 60, 06044 Castel Ritaldi, Perugia
Tel 0743 254068 **Fax** 0743 254046
E-Mail benvenuti@lagioia.biz **Website** www.lagioia.biz

Marianne Aerni-Kühne leitete in Zürich ihr eigenes Innen-
einrichtungsgeschäft und besaß dadurch die besten Voraus-
setzungen, diese 300 Jahre alte Korn- und Ölmühle zusammen mit
ihrem Mann Daniel zu restaurieren. La Gioia liegt in einer sanften
Hügellandschaft in der Nähe vieler größerer Städte Umbriens, aber
auch nahe an bisher unentdeckten Juwelen wie Bevagna und Montefalco. Das helle Gebäude steht auf einem riesigen Grundstück mit
einem attraktiven Swimmingpool, Rasenflächen, Terrassen und
zahlreichen Sitzgruppen. Im Inneren wurde die Wirkung der rustikalen Elemente (Terrakottaböden, Balkendecken, freigelegtes Zie-
gelwerk etc.) behutsam durch die Verwendung erdiger, mediterra-
ner Farben und indirekter Beleuchtung verstärkt. Die Schlafzimmer
wurden mit viel Liebe zum Detail individuell eingerichtet; Fußbo-
denheizung und Federbetten machen sie auch bei niedrigeren Temperaturen sehr gemütlich. Einige Zimmer haben eine Zwi-
schendecke, wobei entweder das Bett oder eine Sitzgruppe in der
oberen Etage untergebracht sind; andere besitzen eine eigene Terrasse zum Garten hin. In La Gioia betrachtet man Essen und Trin-
ken als integralen Bestandteil eines Aufenthalts (die Küche verwendet vor allem Produkte aus der unmittelbaren Umgebung); vor
allem während der Hauptsaison wird den Gästen zu Halbpension
geraten.

~

Umgebung: Assisi (35 km), Spoleto (13 km), Todi (35 km), Terni (45 km)
Lage: 13 km nordwestlich von Spoleto; auf großem Grundstück mit Parkplatz
Mahlzeiten: Frühstück, Abendessen, einfaches Mittagessen auf Anfrage • **Preise:**
€€, Halbpension €€€ • **Zimmer:** 12; 11 Doppel-, 1 Einzelzimmer, alle mit Bad
oder Dusche; alle Zimmer mit Telefon, TV, Safe, Fön • **Anlage:** Bar, Aufenthalts-
raum, Bibliothek, Restaurant, Terrassen, Garten, Swimmingpool • **Kreditkarten:**
MC, V • **Behinderte:** speziell eingerichtete Zimmer • **Tiere:** gestattet • **Ge-**
schlossen: Nov., Jan. bis Feb. • **Besitzer:** Marianne und Daniel Aerni-Kühne

PERUGIA

CENERENTE

Castello dell'Oscano
∾ Umgebaute Burg ∾

Loc. Cenerente, 06134 Perugia
Tel (075) 690 125 **Fax** (075) 690 666
E-Mail info@oscano.com **Website** www.oscano.it

Auf den ersten Blick wirkt Castello dell'Oscano wie der Schauplatz eines Romans von Walter Scott: efeubewachsene Türmchen, zinnenbesetzte Türme über steilen Pinienhängen. Die Anlage stammt aber nicht aus dem Mittelalter, sondern ist eine Nachbildung aus dem 19. Jh. Das Innere ist ganz vom Wohnstil des 19. Jhs. geprägt.

Die Räume sind schön proportioniert, geräumig und hell. Die hohe Empfangshalle hat ein imposantes geschnitztes Treppenhaus und neogotische Fenster. Von einem Aufenthaltsraum gelangt man in den nächsten, alle sind mit den Originalmöbeln ausgestattet: die Bibliothek mit geschnitzten Bücherschränken und den Bänden aus dem 19. Jh.; der Wohnraum mit der schönen Kassettendecke; ein Speiseraum, dessen Glasschränke voll mit Deruta-Keramik sind.

Oben geht man über schwarzweiße Marmorfußböden. Es gibt im Castello nur 11 Gästezimmer, jedes ist individuell mit alten Möbeln eingerichtet. Die Zimmer in der Villa Ada nebenan sind weniger aufregend und billiger. Am spektakulärsten (aber nur für Sportliche) ist das Zimmer im Türmchen mit Himmelbett und einer Tür zum Wall, von dem man hinunter in den romantischen Garten sieht.

Umgebung: Perugia (5 km); Assisi (28 km); Gubbio (40 km) • **Lage:** am Berghang im eigenen Gelände; großer Parkplatz • **Mahlzeiten:** Frühstück, Abendessen **Preise:** €€€€ (Castello), €€ (Villa Ada) • **Zimmer:** 11 Doppelzimmer (Castello), 8 Doppelzimmer, 2 Einzelzimmer (Villa Ada); alle mit Bad oder Dusche, Telefon, TV, Minibar, Klimaanlage • **Anlage:** Bar, Gärten, Schwimmbad • **Kreditkarten:** AE, DC, MC, V • **Tiere:** erlaubt • **Behinderte:** 1 speziell eingerichtetes Zimmer • **Geschlossen:** nie; Restaurant 15. Jan. bis 15. Feb. • **Sprachen:** Englisch, Französisch **Geschäftsführer:** Maurizio Bussolati

Perugia

Città della Pieve

Hotel Vannucci
∾ Stadthotel ∾

Via I. Vanni 1, 06062 Città della Pieve, Perugia
Tel (0578) 298063 **Fax** (0578) 297954
E-Mail info@hotel-vannucci.com **Website** www.hotel-vannucci.com

Als das ehrwürdige Hotel Vannucci zum Verkauf stand, war Alison Deighton, die schon jahrelang ein Feriendomizil im schönen Città della Pieve besaß, als Bauunternehmerin und Innenarchitektin in einer sehr guten Ausgangslage, um diesem Ort neues Leben einzuhauchen.

Das quadratische, terrakottafarbene Gebäude steht nur einen Steinwurf vom Stadtzentrum entfernt in einem hübschen Garten. Im Inneren wurden einheimische traditionelle Techniken und Materialien verwendet, auch bei den modernen Möbeln. Im Eingangsbereich dominieren das hell lackierte Holz des Treppenhauses und einige beeindruckende Lichtinstallationen. Links davon liegt die einladende Lounge mit offenem Kamin und rechts der durchgehende Barbereich. Die Gästezimmer im Obergeschoss variieren in Schnitt und Größe, folgen jedoch alle einem klaren, modernen Konzept. Sie verfügen über maßgefertigte balinesische Kopfteile an den Betten und Lampen aus der Türkei.

Essen ist wichtig im Vannucci: Während Sie im Bistro kleinere Gerichte und Pizze essen können, wird im zweiten Restaurant, dem eleganten »Zaferano«, exzellente regionale Kochkunst zelebriert.

∾

Umgebung: Kathedrale; Orvieto (40 km); Lago Trasimeno (20 km) • **Lage:** im Stadtzentrum; öffentlicher Parkplatz in der Nähe • **Mahlzeiten:** Frühstück, Mittag- und Abendessen • **Preise:** € • **Zimmer:** 30; 2 Einzelzimmer, 28 Doppel- oder Zweibettzimmer, alle mit Bad oder Dusche; alle Zimmer mit Telefon, TV, Klimaanlage, Minibar, Fön und Safe • **Anlage:** Aufenthaltsraum, Bar, 2 Restaurants, Lift, Fitnessraum, Sauna, Whirlpool, Terrasse, Garten • **Kreditkarten:** AE, DC, MC, V **Tiere:** erlaubt • **Behinderte:** geeignete Zimmer vorhanden • **Geschlossen:** Mitte Januar bis Ende Februar • **Besitzer:** Alison Deighton

PERUGIA

GUBBIO

Villa Montegranelli
~ Ländliche Villa ~

Loc. Monteluiano, Gubbio, 06024 Perugia
Tel (075) 9220185 **Fax** (075) 9273372
E-Mail villa.montegranelli@tin.it **Website** www.villamontegranellihotel.it

Die außen so schmucklose Strenge dieser Villa aus dem 18. Jh. erklärt sich aus ihrem Ursprung: einem befestigten Bauwerk des 13. Jhs. Im Hügelland südwestlich von Gubbio steht sie, schwer und quadratisch, aus behauenen Steinen erbaut, mitten in einem Park, umgeben von Pinien und uralten Zypressen. Von den Gärten aus sieht man über die hellgraue, steinerne und so berühmte Stadt am Berghang (leider kommt auch die unselige Zementfabrik in nächster Nähe ins Bild).

Kontrastierend zum Äußeren des Hauses ist das Interieur hell und im Stil des 18. Jhs. gehalten: weite, luftige Räume mit Stuckornamenten, Fresken und kunstvollen Marmoreinfassungen an den Türen; sie sind für die vielen Hochzeiten und offiziellen Feiern, die hier stattfinden, passender als für den Urlaubsaufenthalt. Die Zimmer (mit Ausnahme der Hauptsuite) sind viel einfacher gehalten, einige auch nur ganz klein. Alle haben prächtige Bäder.

Die Frühstücks- und Speiseräume liegen im unteren, aus dem 13. Jh. stammenden Teil der Villa mit dicken Mauern, Deckengewölben und alten Ziegelbogen. Das Restaurant ist sehr bekannt, und Sie werden die exquisite Küche sowie den aufmerksamen Service bestimmt genießen.

~

Umgebung: Gubbio (5 km); Perugia (38 km); Assisi (35 km) • **Lage:** 5 km südwestlich von Gubbio auf eigenem Gelände; großer Parkplatz • **Mahlzeiten:** Frühstück, Mittag- und Abendessen • **Preise:** €€-€€€ • **Zimmer:** 21; 20 Doppelzimmer, 1 Einzelzimmer, alle mit Bad oder Dusche, Telefon, TV, Minibar • **Anlage:** Aufenthaltsräume, Restaurant, Gärten • **Kreditkarten:** AE, DC, MC, V • **Tiere:** erlaubt • **Behinderte:** keine besonderen Einrichtungen • **Geschlossen:** nie • **Sprachen:** Deutsch, Englisch, Französisch • **Besitzer:** Salvatore Mongelli

PERUGIA

Fattoria di Vibio
∼ Bäuerliches Gästehaus ∼

Loc. Buchella 1a, 9-Doglio, Montescastello Vibio, 05010 Perugia
Tel (075) 8749607 **Fax** (075) 8780014
E-Mail info@fattoriadivibio.com **Website** www.fattoriadivibio.com

Manchmal sagen einzelne Details viel über die Atmosphäre eines Hauses aus: Hier weist das handbemalte Keramikgeschirr, auf dem Signora Saladini ihre köstlichen Mahlzeiten serviert, auf das locker-elegante Flair dieses renovierten Bauernhauses aus dem 18. Jh. hin. Die offenen Räume im ländlich-modernen italienischen Stil gehen ineinander über, weiße Wände kontrastieren mit farbenfrohen Stoffen und viel Keramik: Alles ist hell, luftig, gut proportioniert, vermittelt den Eindruck müheloser Schlichtheit, die jedoch viel Geschmack und Sorgfalt voraussetzt. Die meisten Gästezimmer, alle in ähnlichem Stil, sind im Haus nebenan. In den letzten Jahren hat das Haus richtig geboomt, seinen Charme dabei aber behalten.

Die Saladinis sind überall um das Wohl ihrer Gäste bemüht. Die meisten Produkte kommen vom Bauernhof oder aus dem Garten, und die Zubereitung ist ein wahres Spektakel. Jeder kann zusehen. Die obligatorische Halbpension braucht keiner zu bereuen. Für Gäste, die eher Entspannung suchen, stehen gepflegte Gärten, ein Swimmingpool und Massagebereich im Freien mit schönem Blick auf den Nationalpark und ein beheiztes Hallenbad (durch die Glasscheiben bietet sich die gleiche Aussicht) zur Verfügung. Das Preis-Leistungsverhältnis ist jedenfalls unschlagbar. Es lohnt sich, nach Preisnachlässen zu fragen.

∼

Umgebung: Todi (20 km); Orvieto (30 km) • **Lage:** im ruhigen Hügelland zwischen Todi und Orvieto (abseits der S448); Parkplatz • **Mahlzeiten:** Frühstück, Mittag- und Abendessen • **Preise:** €€–€€€ (HP); 1 Woche Mindestaufenthalt im Aug. **Zimmer:** 14 Doppelzimmer, 4 Selbstversorgerappartements; alle mit Bad oder Dusche, TV • **Anlage:** Terrasse, Garten, Schwimmbad, Freiluftbar im Sommer; Fahrräder, Reiten, Angeln • **Kreditkarten:** AE, DC, MC, V • **Tiere:** kleine Hunde erlaubt • **Behinderte:** 1 geeignetes Zimmer • **Geschlossen:** Mitte Jan. bis Mitte Feb. • **Sprachen:** Französisch, Englisch • **Besitzer:** Gabriella, Giuseppe & Filippo Saladini

Perugia

Montefalco

Villa Pambuffetti

~ Villenhotel ~

Via della Vittoria 20, Montefalco, 06036 Perugia
Tel (0742) 379417, 378823 **Fax** (0742) 379245
E-Mail info@villapambuffetti.it **Website** www.villapambuffetti.it

Wie Hemingway in Spanien scheint in Italien der Dichter D'Annunzio überall gewesen zu sein; hier aber ist es wahrscheinlich. Er widmete nicht nur der nahen befestigten Stadt Montefalco (wegen der herrlichen Aussicht auf die Region von Perugia bis Spoleto als »Balkon Umbriens« bezeichnet) ein Gedicht, sondern die Villa selbst hat das Flair der Zeit um 1900; ihre kultivierte Eleganz passt zum Bild des Dichters.

Zehntausend Quadratmeter kühler, schattiger Garten umgeben das strenge Hauptgebäude. Im Innern ist die Einrichtung praktisch so erhalten, wie sie zu Beginn des 20. Jhs. war, als die Pambuffettis anfingen, »zahlende Gäste« aufzunehmen. Eichenfußböden und -täfelung, Bambus-Sessel (die D'Annunzio besonders beeindruckten), Tiffany-Lampen, Familienbilder in Jugendstilrahmen zollen einem Jahrhundert Tribut, das so optimistisch begann. Viele Gästezimmer sind mit schönen antiken Möbeln eingerichtet, die modernen Bäder perfekt gestaltet. Wenn Sie ein Zimmer mit Aussicht wollen, logieren Sie im Turm, wo sich ein Rundumblick aus sechs Fenstern bietet. Der Speiseraum ist bescheidener, aber das Essen verdient Aufmerksamkeit.

~

Umgebung: Montefalco; Assisi (30 km); Perugia (46 km) • **Lage:** außerhalb von Montefalco; großer Parkplatz • **Mahlzeiten:** Frühstück, Abendessen • **Preise:** €€-€€€ • **Zimmer:** 15; 11 Doppelzimmer, 1 Einzelzimmer, 3 Suiten; 2 mit Bad, die anderen mit Dusche, TV, Minibar, Klimaanlage • **Anlage:** Wohnraum, Restaurant, Bar, Loggia, Garten, Schwimmbad • **Kreditkarten:** AE, DC, MC, V • **Tiere:** nicht erlaubt **Behinderte:** 2 Zimmer im Erdgeschoss geeignet • **Geschlossen:** nie • **Sprachen:** Deutsch, Englisch, Französisch, Spanisch • **Geschäftsführer:** Alessandra und Mauro Angelucci

PERUGIA

Villa di Montesolare
~ Ländliches Villenhotel ~

Loc. Colle San Paolo, Panicale, 06070 Perugia
Tel (075) 832376 **Fax** (075) 8355462
E-Mail info@villamontesolare.it **Website** www.villamontesolare.it

Hohe Mauern grenzen die Stuckvilla in ihrer grünen Oase von der kargen Landschaft draußen ab. Das Bauwerk geht bis ins Jahr 1780 zurück; allerdings bezeugt die Kapelle aus dem 16. Jh. in einer Ecke des Gartens, dass hier schon viel früher ein Haus gestanden hat. Als die jetzigen Besitzer den Bau kauften, gingen sie daran, den Garten aus dem 19. Jh. zu restaurieren (und auch den verschwiegenen Garten dahinter); das Schwimmbad wurde in angemessener Entfernung angelegt und die Villa so umgestaltet, dass ihr aristokratischer Charakter bewahrt blieb.

Das Ergebnis ist eines der schönsten ländlichen Refugien im Trasimeno-Gebiet. Die Zimmer sind in ihrem ursprünglichen Zustand erhalten: Balkendecken und weißgetünchte Wände; herrschaftlich möbliert mit hohen Betten, Kommoden und Schränken aus der Zeit um 1900. Der kühle blaue Aufenthaltsraum oben im *piano nobile* ist wirklich nobel, die Speisezimmer und die Bar unten sind etwas bescheidener. In der nahen *casa colonica* außerhalb der Mauern sind fünf Suiten untergebracht; in der Nähe gibt es ein zweites Schwimmbad. Vor ein paar Jahren wurde noch ein weiteres Nebengebäude ausgebaut.

~

Umgebung: Panicale (12 km); Città della Pieve (25 km) • **Lage:** 2 km nördlich der SS 220, Richtung Colle S. Paolo; großer Parkplatz • **Mahlzeiten:** Frühstück, Mittag- und Abendessen • **Preise:** €€-€€€ • **Zimmer:** 30; 13 Doppelzimmer, 10 Luxuszimmer, 7 Suiten, alle mit Bad; Klimaanlage • **Anlage:** 2 Speisezimmer, Bar, Aufenthaltsraum, 2 Schwimmbäder, Tennisplatz, Konferenzzentrum, Kochkurse, Weinverkostung, klassische Konzerte • **Kreditkarten:** DC, MC, V • **Tiere:** nur kleine, gut erzogene Tiere erlaubt • **Behinderte:** 1 Zimmer geeignet • **Geschlossen:** nie **Sprachen:** Deutsch, Englisch, Französisch • **Besitzerin:** Rosemarie Strunk und Filippo Iannarone

PERUGIA

PONTE PATTOLI

Il Covone
~ Ländliche Villa ~

Strada della Fratticiola 2, Ponte Pattoli, 06080 Perugia
Tel (075) 694140 **Fax** (075) 694140
E-Mail info@covone.com **Website** www.italiaabc.com

Teile der Villa stammen noch aus dem Mittelalter, der zentrale Turm
diente einst als Ausguck auf den vorbeifließenden Tiber. Heute fallen aber die Bauteile aus dem 18. und 19. Jh. mehr ins Auge; sie geben
dem Ganzen das Flair einer klassischen italienischen Villa.
Die große Halle, früher ein offener Hof, der jetzt verglast ist, und
die Aufenthaltsräume im Erdgeschoss zieren Erbstücke aus vielen
Jahrhunderten. Kunterbunt über geborstenem Stuck hängende Familienbilder erinnern daran, dass hier bis heute der Wohnsitz der
Familie Taticchi ist. Oben im Gästetrakt gibt es unterschiedliche
Zimmer; alle sind geräumig und hoch. Das Mobiliar hat (wie das
ganze Haus) sicherlich bessere Zeiten gesehen, aber gerade das
macht auch den Charme dieser Villa aus. Acht weitere Zimmer im
Nebengebäude auf der anderen Seite des Wegs im Reitzentrum sind
moderner und wohl auch etwas komfortabler, doch ihnen fehlt die
verblassende Pracht.
Zum Abendessen gibt es umbrische Spezialitäten wie *gnocchetti di
ricotta* (kleine Nocken aus Kartoffelteig mit einer Sauce aus Ricot-
takäse), Schweinefleisch aus dem Holzofen, Walnussbrot und *ge-
lato in cialda* (Eis im Biskuitnest).

~

Umgebung: Perugia (10 km); Assisi (30 km) • **Lage:** 2 km westlich der SS 3;
Gartenanlage und privater Parkplatz • **Mahlzeiten:** Frühstück, Mittag- und
Abendessen • **Preise:** Zimmer € • **Zimmer:** 12; 4 Doppelzimmer in der Villa, nicht
alle mit eigenem Bad; 8 Doppelzimmer mit Dusche im Nebengebäude • **Anlage:**
Aufenthaltsraum, Speiseraum, Billard, Tischtennis, Garten, Reiten • **Kreditkarten:**
AE, MC, V • **Tiere:** nur kleine Tiere erlaubt • **Behinderte:** keine besonderen
Einrichtungen • **Geschlossen:** nie • **Sprachen:** etwas Englisch • **Besitzer:** Cesare
und Elena Taticchi

Perugia

Semi di Mela

~ Hotel im Bauernhof ~

Loc. Petroia 36, Scritto di Gubbio, 06020 Perugia
Tel & Fax (075) 920039
E-Mail info@semidimela.com

Ein schwieriger Weg führt an der Burg von Petroia vorbei zur restaurierten *casa colonica*, die vor vielen Jahren das Häuschen eines Landarbeiters war. An einem Balken im Erdgeschoss ist zu sehen, dass es 1690 schon stand, aber durch den Umbau hat es seinen derben, ländlichen Charakter ziemlich eingebüßt. Die alten Decken aus Eichenholz und Ziegeln sind geblieben, aber der Stuck und die sauberen Holzarbeiten sind fast zu perfekt.

Die Zimmer sind bequem und im traditionellen Stil einfach möbliert. Von jedem Fenster hat man Blick auf den Apennin im Osten von Gubbio; die gleiche Ansicht bietet sich von der Terrasse darunter.

Francesco Pellegrini erzeugt für die Küche des Hauses auf seinen rund 40 000 Quadratmetern Land biologische Lebensmittel einschließlich Olivenöl und Getreide. Antonella züchtet Geflügel, das im Hof frei herumläuft, und hat die Küche unter sich. Am Abend sitzt man ganz nach italienischer Sitte beieinander *(stare insieme)*. Im Speiseraum gibt es einen einzigen großen Tisch, an dem Antonella und Francesco mit ihren Gästen essen. Ihre mangelnden Fremdsprachkenntnisse machen sie durch herzliche Gastlichkeit wett.

~

Umgebung: Gubbio (15 km); Perugia (25 km) • **Lage:** 2 km östlich der SS 298 zwischen Perugia und Gubbio • **Mahlzeiten:** Frühstück und Abendessen • **Preise:** 2 Personen, 1 Woche €€€€€ • **Zimmer:** 5 Doppelzimmer (1 Zimmer für 4 Personen) mit Dusche • **Anlage:** Aufenthalts- und Speiseraum, Terrasse, Garten, Bogenschießen, Mountainbikes, Swimmingpool • **Kreditkarten:** keine • **Tiere:** nicht erlaubt • **Behinderte:** keine besonderen Einrichtungen • **Geschlossen:** 6. Jan. bis Anfang März • **Sprachen:** etwas Englisch • **Besitzer:** Antonella Requale und Francesco Pellegrini

PERUGIA

SPOLETO

Gattapone

❦ Stadthotel ❦

Via del Ponte 6, Spoleto, 06049 Perugia
Tel (0743) 223447 **Fax** (0743) 223448
E-Mail info@hotelgattapone.it **Website** www.caribusiness.it/gattapone

In diesem Hotel etwas außerhalb vom Stadtzentrum Spoletos kann man zweierlei machen. Erstens den unvergleichlichen Anblick der Turmbrücke aus dem 13. Jh. über das Tessino-Tal bestaunen, zweitens die seltsam noble Ausstattung aus den 60er Jahren des 20. Jhs. mit Holz, Glas, Chrom und Leder bewundern. Wer den Anblick ländlicher Antiquitäten satt hat, dem macht diese heute altmodische, hier aber perfekt erhaltene »Moderne« bestimmt Spaß.

Das Hotel ist bei Festspielgästen beliebt, und die Wände der Bar sind mit Bildern von Berühmtheiten und Möchtegern-Stars bedeckt, die hier nach den kulturellen Genüssen des Tages bis in die Nacht hinein die Salons bevölkerten. Auch Leuten, die hier nicht absteigen, wird das Gattapone auffallen. Außen sieht es wie eine solide zweistöckige Villa mit ockerfarbenen Mauern und grünen Fensterläden aus. Innen erkennt man, wie weit sich spätere Anbauten nach unten ausdehnen, um die Hanglage optimal zu nutzen. Viele Zimmer haben große Panoramafenster. In der Vor- und Nachsaison ist es hier wunderbar ruhig und friedlich. In der Festspielzeit (Juni/Juli) aber bekommt man kaum ein Zimmer.

Umgebung: Assisi (48 km); Todi (42 km); Perugia (63 km) • **Lage:** am Hang, unweit des historischen Zentrums von Spoleto; keine eigenen Parkmöglichkeiten **Mahlzeiten:** Frühstück • **Preise:** €€-€€€€ • **Zimmer:** 14; 7 Doppelzimmer, 7 Junior-Suiten, alle mit Bad oder Dusche, Telefon, TV, Minibar • **Anlage:** Frühstücksraum, Aufenthaltsraum, Bar, Terrasse • **Kreditkarten:** AE, DC, MC, V • **Tiere:** erlaubt
Behinderte: keine besonderen Einrichtungen • **Geschlossen:** nie • **Sprachen:** Englisch, Französisch • **Besitzer:** Pier Giulio Hanke

Perugia

Spoleto

La Macchia
~ Ländliches Hotel ~

Loc. Licina 11, Spoleto, 06049 Perugia
Tel & **Fax** (0743) 49059
Website www.argoweb.it/hotel_lamacchia

Spoleto, eine der interessantesten Städte im Süden Umbriens, ist leider ständig verstopft; es gibt ein verwirrendes System von Einbahnstraßen und nur wenige Parkplätze. Von Ende Juni bis Mitte Juli, also während des weltberühmten Festivals der »Zwei Welten«, findet man hier kaum ein Zimmer. Dieses ruhige Hotel, das sich zwischen den Hügeln versteckt und doch nicht weit vom Zentrum liegt, bietet eine willkommene Alternative für Leute, die es gern friedlich mögen.

Carla und Claudio haben in den 80er Jahren zunächst mit einer *osteria* begonnen, die auf die heimische *cucina spoletana* spezialisiert ist und viele Einheimische anzieht. Das Hotel wurde erst später eröffnet. Der separate Eingang sorgt dafür, dass die Gäste nicht durch Gesellschaften im Festsaal unten gestört werden. Das Ganze ist modern, doch die alte Scheune, die jetzt ein schattiger Säulengang ist, und der knorrige Olivenbaum im vorderen Hof erinnern noch an den ursprünglichen Verwendungszweck des Gebäudes.

Die Möbel aus Kastanienholz in den gut beleuchteten Zimmern sind von einheimischen Handwerkern gefertigt. Einige Betten haben noch alte schmiedeeiserne Gestelle und herrlich feste Matratzen.

~

Umgebung: Spoleto (2 km); Fonti di Clitunno (10 km) • **Lage:** 0,5 km von der alten Via Flaminia, nördlich von Spoleto; großer Parkplatz • **Mahlzeiten:** Frühstück, Mittag- (nur So und Feiertage) und Abendessen • **Preise:** € • **Zimmer:** 11; 10 Doppelzimmer, 1 Einzelzimmer, alle mit Dusche, Satelliten-TV, Minibar, Klimaanlage **Anlage:** Aufenthaltsraum, Frühstücksraum, Bar, Restaurant, Garten, Swimmingpool, Fahrräder • **Kreditkarten:** AE, DC, MC, V • **Tiere:** nicht erlaubt • **Behinderte:** 2 geeignete Zimmer • **Geschlossen:** nie; Restaurant Di • **Sprachen:** Englisch **Besitzer:** Carla Marini und Claudio Sabatini

PERUGIA

San Luca
~ Stadthotel ~

Via Interna delle Mura 21, Spoleto, 06049 Perugia
Tel (0743) 223399 **Fax** (0743) 223800

Als Papst Innozenz III. 1198 hier vorbeikam, soll die Gegenwart seiner Heiligkeit ein Wunder bewirkt haben: Aus dem Nichts entsprang ein Quell, der reichlich köstliches Wasser verströmte und somit dem Papst und seinem Gefolge Labsal und neue Stärke zukommen ließ. Heute steht an eben dieser Stelle ein imposantes Gebäude aus dem 19. Jh. mit blassgelb gestrichenen Wänden, das 1995 nach umfangreichen Renovierungsarbeiten in ein elegantes Hotel umgewandelt wurde.

Die Dominanz der gelben Farbe setzt sich in der hellen Eingangshalle und den Aufenthaltsräumen fort. Dort mischen sich auf stilvolle Weise bequeme Lehnsessel mit antiken Möbelstücken, einem Arrangement von chinesischem Porzellan und herrlichen Blumen und Topfpflanzen. Einige der pastellfarbenen Schlafzimmer verfügen über Terrassen oder Balkone, alle Fenster sind schalldicht und die großzügigen Badezimmer haben Telefon.

Das San Luca liegt im Zentrum von Spoleto inmitten eines üppigen, friedvollen Gartens. Es besitzt darüber hinaus eine Dachterrasse und einen weitläufigen Innenhof, wo man noch heute die »therapeutische« Wirkung des Wassers erproben kann.

~

Umgebung: Assisi (48 km); Todi (42 km) • **Lage:** im historischen Stadtzentrum mit eigenem Parkplatz • **Mahlzeiten:** Frühstücksbuffet • **Preise:** €€-€€€€ • **Zimmer:** 36; 32 Doppelzimmer, 3 Einzelzimmer, 1 Suite; alle mit Bad (einige mit Jacuzzi), 5 mit Dusche, Telefon, Klimaanlage, Minibar, Fön, Safe • **Anlage:** 2 Salons, Frühstücksraum, Konferenzzimmer, 2 Fahrstühle, Innenhof, Garten, Dachgarten **Kreditkarten:** AE, MC, DC, V • **Behinderte:** 2 speziell eingerichtete Zimmer • **Tiere:** kleine Hunde erlaubt • **Geschlossen:** nie • **Sprachen:** Deutsch, Englisch, Französisch • **Besitzerin:** Daniela Zuccari

PERUGIA

Le Tre Vaselle
~ Stadthotel ~

Via Garibaldi 48, Torgiano, 06089 Perugia
Tel (075) 9880447 **Fax** (075) 9880214
E-Mail 3vaselle@3vaselle.it **Website** www.3vaselle.it

Drei Weinkrüge aus Klosterbesitz, die bei der Restaurierung dieses Palazzo aus dem 17. Jh. entdeckt wurden, haben diesem ungewöhnlichen Hotel zu seinem Namen verholfen. Der Palazzo gehört der Familie Lungarotti, die in Umbrien Spitzenweine erzeugt, und ist angefüllt mit Stilleben, Bildern von zechenden Göttern und Bacchus-Statuen. Doch im Alltag geht es hier eher professionell zu, der Gast ist gut aufgehoben.

Die Zimmer – einige sind in einem moderneren Gebäude hinter dem Haupthaus, andere in einem luxuriösen Anbau einen kurzen Fußmarsch entfernt, untergebracht – genügen höchsten Ansprüchen: bequeme Streifensofas, schöne alte Kommoden, überall unaufdringliche Eleganz. Die großzügigen Aufenthaltsräume überspannen ausladende weiße Bogen, weiße Lampenschirme geben weiches Licht. Das Frühstück wird auf der rückwärtigen Terrasse serviert. Das reichhaltige Büffet ist um die drei in Butter geformten Weinkrüge arrangiert. Das exquisite Restaurant hat eine Weinkarte vom Umfang eines Telefonbuchs.

~

Umgebung: Deruta (5 km); Perugia (13 km); Assisi (16 km) • **Lage:** in einer stillen Straße im Städtchen Torgiano, 13 km südöstlich von Perugia; Parkmöglichkeiten auf der nahen Piazza • **Mahlzeiten:** Frühstück, Mittag- und Abendessen • **Preise:** €€€-€€€€ • **Zimmer:** 61; 52 Doppelzimmer, 2 Einzelzimmer, 7 Suiten, alle mit Bad oder Dusche, Klimaanlage, Telefon, TV • **Anlage:** Frühstücksraum, Salon, Bar, Terrasse, Schwimmbad, Sauna • **Kreditkarten:** AE, DC, MC, V • **Tiere:** nicht erlaubt **Behinderte:** Zugang möglich • **Geschlossen:** nie • **Sprachen:** Deutsch, Englisch, Französisch • **Geschäftsführer:** Giovanni Margheritini

Perugia

Tuoro sul Trasimeno

Villa di Piazzano
∼ Ländliche Villa ∼

Piazzano, 06069 Tuoro sul Trasimeno, Perugia
Tel (075) 826226 **Fax** (075) 826336
E-Mail info@villadipiazzano.com **Website** www.villadipiazzano.com

Zypressen säumen den langen Weg durch Ackerland zur imposanten Villa di Piazzano an der Grenze zwischen der Toskana und Umbrien, die 1464 von Kardinal Silvio Passerini als Jagdhütte erbaut worden war. Sie ist übrigens trotz der Postadresse Tuoro näher an Cortona gelegen.

Als die italo-australische Familie Whimpole nach langen Jahren im diplomatischen Dienst Australiens beschlossen hatte, sich hier niederzulassen und ein Hotel zu eröffnen, erwartete sie umfangreiche Renovierungsaufgaben.

Daraus ist eine elegant-traditionelle Ausstattung entstanden, die alten Baustil mit modernem verbindet. Im Erdgeschoss erwartet die Gäste ein Aufenthaltsraum mit offenem Kamin und ein in freundlichem Zitronengelb gestrichenes Restaurant, das regionale, kreativ abgewandelte Gerichte bietet. Ein bemerkenswertes originales Treppenhaus führt zu den geräumigen Zimmern, die mit Antiquitäten und Reproduktionen schön möbliert sind.

Auf der von Limonenbäumen beschatteten Terrasse werden im Sommer auch die Mahlzeiten serviert. Von dem herrlichen Garten mit Swimmingpool bieten sich Ausblicke über Felder und die bewaldeten Hügel, wo der Kardinal einst Keiler jagte.

∼

Umgebung: Cortona (6 km); Lago Trasimeno (16 km); Perugia (40 km) • **Lage:** 6 km südöstlich von Cortona an der Abzweigung von der SP 35: durch Pergo fahren und der Beschilderung folgen; in offener Landschaft; großer Parkplatz • **Mahlzeiten:** Frühstück, leichtes Mittagessen, Abendessen • **Preise:** €€€ • **Zimmer:** 17 Doppel- oder Zweibettzimmer, alle mit Bad oder Dusche; alle Zimmer mit Telefon, TV, Minibar, Klimaanlage, Fön • **Anlage:** Aufenthaltsraum, Bar, Restaurant, Lift, Pool, Garten, Terrassen, Mountainbikeverleih • **Kreditkarten:** AC, DC, MC, V • **Tiere:** kleine, wohl erzogene Hunde erlaubt • **Behinderte:** keine speziellen Einrichtungen • **Geschlossen:** Mitte November bis Anfang März • **Besitzer:** Familie Whimpole

PERUGIA

UMBERTIDE

Borgo San Biagio

~ Selbstversorgerappartements ~

Buchungen nur über CV Travel, Großbritannien
Tel (0044) 020 73 84 58 50 **Fax** (0044) 020 73 84 58 99
E-Mail italy@cvtravel.co.uk **Website** www.cvtravel.co.uk

Schon seit Hunderten von Jahren hört man um 12 Uhr mittags und um 6 Uhr abends in dem einsam auf einem umbrischen Hügel liegenden Dorf die Kirchenglocken läuten. Die ehemalige mittelalterliche Gemeinde besteht heute aus sieben Gebäuden, die vor dem Ruin gerettet und individuell restauriert wurden, sowie einem gemeinschaftlichen Wohn- und Essbereich und einem größeren Wohnbereich in der alten Kapelle.

Das Borgo San Biagio gehört zu den bezauberndsten Selbstversorgeretablissements, die wir in ganz Italien gesehen haben. Normalerweise nehmen wir diese Art von Hotel nur in unseren Führer auf, wenn den Gästen ein gewisser Service zur Verfügung steht. Im Borgo San Biagio werden allerdings nicht nur die Glocken geläutet, sondern auch die Bettbezüge gewechselt; darüber hinaus wird auf Wunsch auch jeden Abend ein Abendessen zubereitet. Der freundliche Besitzer Renato Rondina hat zu Beginn der 1990er Jahre damit begonnen, die Gebäude mit viel Geschmack zu renovieren: In jedem Appartement befinden sich bequeme Betten, Kochmöglichkeiten und ein CD-Spieler. Die schönste Unterkunft ist zweifelsohne der über 1000 Jahre alte, wunderbar restaurierte Turm, in dem bis zu zwei Personen übernachten können.

~

Umgebung: Cortona; Umbertide; Sansepolcro; Monterchi • **Lage:** sehr isoliert auf einem Hügel; Wegbeschreibung unerlässlich, wird bei Buchung zugeschickt
Mahlzeiten: Selbstversorgung; auf Wunsch jedoch Abendessen erhältlich; ein echter Pizzaofen steht zur Verfügung • **Preise:** €€ • **Zimmer:** 7 Selbstversorgerappartements für 2 bis 4 Personen, alle mit Dusche, Wohnzimmer; einige Appartements mit Telefon • **Anlage:** Spielzimmer, Garten, Swimmingpool
Kreditkarten: nur Vorauszahlung möglich; AE, MC, V • **Behinderte:** nicht geeignet
Tiere: nicht erlaubt • **Geschlossen:** nie • **Besitzer:** Renato Rondina

PERUGIA

Hotel Alexander
Stadthotel

Piazza Chiesa Nuova 6, Assisi,
06081 Perugia

Tel (075) 816190
Fax (075) 816804
E-Mail
hpriori@umbriatravel.com
Mahlzeiten: Frühstück
Preise: €
Geschlossen: nie

Das familiengeführte Hotel liegt versteckt im Zentrum von Assisi nahe der Piazza del Comune und stellt eine brauchbare Alternative zu den teureren, zentral gelegenen Unterkünften der stets gut besuchten Stadt dar. Die mit Balkendecken und rustikalen Möbeln ausgestatteten Zimmer sind nicht besonders groß. Das Frühstück wird den Gästen aufs Zimmer gebracht. Das Hotel Alexander wurde in den letzten Jahren renoviert und erweitert, was seine Attraktivität erhöht hat. Das Personal ist freundlich und zuvorkommend.

Country House
Ländliches Gästehaus

San Pietro Campagna 178,
Assisi, 06081 Perugia

Tel & Fax (075) 816363
Mahlzeiten: Frühstück
Preise: €–€€
Geschlossen: nie

Das schöne steinerne Gästehaus knapp unterhalb der Mauern von Assisi bietet eine gelungene Kombination aus ländlicher Stille und Nähe zur Stadt. Signora Silvana Ciammarughi hat die komfortablen Zimmer mit umbrischen Möbeln aus dem 18. und 19. Jh. ausgestattet – Truhen, Tische, Sessel, Spiegel und Betten –, die sie auch in ihrem Antiquitätengeschäft im Erdgeschoss des Gebäudes verkauft. Bei schönem Wetter wird das Frühstück auf der großen Terrasse eingenommen, die einen Blick auf Santa Maria degli Angeli gewährt. Im Sommer steht den Gästen auch ein Swimminpool zur Verfügung. Im Winter kann man es sich am Kamin gemütlich machen. Die großen Zimmer wurden kürzlich umgestaltet.

Perugia

Umbra
Stadthotel

Via degli Archi 6, Assisi, 06081 Perugia

Tel (075) 812240
Fax (075) 813653
E-Mail
humbra@mail.caribusiness.it
Mahlzeiten: Frühstück, Mittag-, Abendessen
Preise: €€
Geschlossen: Mitte Jan. bis Mitte Feb.

In einer Stadt mit nur wenigen, unseren Kriterien entsprechenden Unterkünften kann dieses hübsche Hotel nicht ignoriert werden. Es liegt versteckt in einer Gasse unweit des Hauptplatzes und besteht aus mehreren kleinen Häusern – manche stammen noch aus dem 13. Jh. –, jedes mit Innenhofgarten und Schatten spendender Pergola. Das komfortable Interieur vermittelt stellenweise eher den Eindruck eines Privathauses als den eines Hotels. Die Zimmer sind schlicht, aber individuell eingerichtet. Außer im eleganten Speisesaal besteht in der Umgebung die Möglichkeit, Essen zu gehen. Alberto Laudenzi, dessen Familie das Hotel schon seit über 50 Jahren betreibt, ist sehr um Ruhe und das Wohl seiner Gäste bemüht.

Villa Gabbiano
Ländliche Villa

Gabbiano, Assisi, 06081 Perugia

Tel & Fax (075) 8065278
E-Mail
villagabbiano@villagabbiano.it
Mahlzeiten: Frühstück, Abendessen
Preise: €–€€
Geschlossen: nie

Die Villa der alteingesessenen Assisianer Familie Fiumi-Sermattei aus dem 18. Jh. steht inmitten eines mit Olivenbäumen bestandenen, noch voll bewirtschaften riesigen Guts (hier wird Olivenöl erzeugt sowie Vieh- und Reitpferdezucht betrieben). Sie fungiert seit über zehn Jahren als Gästehaus. Die Zimmer sind im Hauptgebäude, die Appartements in einem der Gutshäuser untergebracht. Alle wurden sorgfältig renoviert. In einer großen Halle werden umbrische Spezialitäten mit Zutaten vom Gut serviert. Zum Entspannen dient ein Swimmingpool mit Bar, von dem sich ein spektakulärer Blick auf den friedvollen, mit Limonenbäumen bestandenen Park bietet.

Perugia

Castiglione del Lago

Miralago
Stadthotel

Piazza Mazzini 6, Castiglione del
Lago, 06061 Perugia

Tel (075) 951157
Fax (075) 951924
Mahlzeiten: ((???))
Preise: €
Geschlossen: nie

Das zentral am Hauptplatz
gelegene, von der Familie
Patrizi geführte Hotel ist
für einen Zwischenstopp gut geeignet, jedoch nicht für einen längeren Aufenthalt. Es bietet von den großen rückwärtigen Zimmern einen Blick auf einen Zipfel des Lago Trasimeno. Die Gemeinschaftsräume sind mit Ausnahme der konventionellen Empfangshalle mit Theke in erfreulich schlichtem Stil eingerichtet. Fast das ganze Jahr über ist das Restaurant im Erdgeschoss samt Aussichtsterrasse zum See überfüllt. Hier werden Gerichte aus Fleisch und Seefischen sowie typisch umbrische Spezialitäten angeboten.

Gualdo Cattaneo

Il Rotolone
Ländliches Gästehaus

Sant'Anna, Gualdo Cattaneo,
06035 Perugia

Tel (0742) 91992
Fax (0742) 361307
Mahlzeiten: Frühstück, Mittag-,
Abendessen
Preise: €
Geschlossen: nie

Von diesem kleinen Gästehaus in den ehemaligen Landarbeiterwohnungen auf dem Familiengut der Benincasa hat man schöne Ausblicke über die bewaldete Hügellandschaft, die sich Richtung Assisi erstreckt. Die relativ kleinen Zimmer sind schlicht in zur Umgebung passendem rustikalem Stil eingerichtet. Die auf dem Gut biologisch angebauten Gemüsesorten dienen als Zutaten für das fanatasievolle Menü am Abend. Gualdo Cattaneo ist ein aus dem 14. und 15. Jh. stammendes Hügelstädtchen mit einem beeindruckenden Verteidigungsturm, das in seiner Geschichte lange unter dem Einfluss Spoletos stand.

PERUGIA

ISOLA MAGGIORE

Hotel Da Sauro
Inselhotel

Via Guglielmi 1, Isola Maggiore,
06060 Perugia

Tel (075) 826168
Fax (075) 825130
Mahlzeiten: Frühstück, Mittag-,
Abendessen
Preise: €
Geschlossen: 3 Wochen im Nov.,
Mitte Jan. bis Mitte Feb.

Nach kurzer Bootsfahrt von Tuoro-Navaccia oder Passignano sul Trasimeno aus (im Sommer von weiteren Orten am See) erreicht man die Isola Maggiore, die zweitgrößte der drei Inseln im Lago Trasimeno, wo der heilige Franz von Assisi angeblich in einer stürmischen Nacht des Jahres 1211 Unterschlupf fand. Obwohl alles wie in einem Fischerdorf aus dem 15. Jh. aussieht, ist hier ein berühmtes Restaurant zu finden, das zugleich das einzige Hotel der Insel und drei Sterne aufweist. Die relativ kleinen Zimmer sind mit Kiefernmöbel ausgestattet und etwas unpersönlich, was durch die Gastlichkeit der Familie Scarpocchi, die Fisch- und Pastamenüs sowie die schöne Aussicht auf den See mehr als wettgemacht wird.

PERUGIA

Brufani
Stadthotel

Piazza Italia 12, 06100 Perugia

Tel (075) 5732541
Fax (075) 5720210
E-Mail
reservationsbru@sinahotels.it
Website www.brufanipalace.com
Mahlzeiten: Frühstück, Mittag-,
Abendessen
Preise: €€–€€€
Geschlossen: nie

Inmitten der Altstadt gelegen, bietet das luxuriöse Hotel erstaunlicherweise von einigen seiner Zimmer Ausblicke auf die umbrische Landschaft bis nach Assisi und Todi am Horizont. Das Foyer beeindruckt durch Plüschsofas und Kopien antiker Statuen in Wandnischen. Die Aufenthaltsräume und Zimmer sind prunkvoll ausgestattet, die Salons mit bemalten Decken und großen Marmorkaminen, die Zimmer mit Antiquitäten und edlen Stoffen. Im Restaurant »Collins« mit Aussichtsterrasse, auf der an schönen Tagen gespeist wird, werden ausgezeichnete, vorwiegend umbrische Spezialitäten (viele auf Trüffelbasis) serviert. Die vornehme Atmosphäre und die hohen Preise sprechen ein anspruchsvolles Publikum an.

PERUGIA

PIETRALUNGA

La Cerqua
Ländliches Gästehaus

San Salvatore, Pietralunga, 06026
Perugia

Tel (075) 9460283
Fax (075) 9462033
E-Mail info@cerqua.it
Website www.cerqua.it
Mahlzeiten: Frühstück, Mittag-,
Abendessen
Preise: €
Geschlossen: Jan. und Feb.

Wer das einfache, ruhige
Landleben schätzt, ist hier im nördlichen Umbrien zwischen Città
di Castello und Gubbio bestens aufgehoben. Die Gäste des in au-
thentischem rustikalem Stil eingerichteten Hauses können lange
Spaziergänge in den Eichenwäldern machen und sich an herzhafter
umbrischer Küche erfreuen, deren Zutaten aus den hier erzeugten
Bioprodukten bestehen. Aus den Früchten wird Marmelade und
Likör gemacht, die im Gästehaus serviert und in einem Laden verkauft werden. Das Holz für die Kamine kommt aus den gutseigen-
en Wäldern. Neben einem Fischteich in der Nähe gibt es noch
einen reizenden Swimminpool, Mountainbikeverleih und die Gele-
genheit zum Reiten.

SCRITTO DI GUBBIO

Castello di Petroia
Burghotel

Petroia, Scritto di Gubbio, 06020
Perugia

Tel (075) 920287
Fax (075) 920108
E-Mail
info@castellodipetroia.com
Mahlzeiten: Frühstück,
Abendessen
Preise: €-€€
Geschlossen: Jan. bis März

Authentischer als in dieser Burg aus dem 13. Jh. kann das Mittelalter heutzutage kaum erlebt werden. In strategisch günstiger Lage
zwischen Gubbio und Perugia mit Blick auf das Chiascio-Tal gelegen, wurde sie im Laufe der Zeit Zeugin vieler wichtiger Ereignisse.
Sie thront romantisch, einsam und unantastbar auf einem Hügel und
bietet nur einige Zimmer für Reisende, die sich wenigstens für ein
paar Tage aus dem modernen Leben zurückziehen möchten. Innerhalb des Mauerrings befindet sich eine Gruppe von Gebäuden, in
denen sechs Gästezimmer, jedes mit eigenem Bad und Sitzbereich,
Kühlschrank, Fernsehgerät und Telefon, untergebracht sind. Die
Familie der Burgbesitzer ist hier schon seit dem 15. Jh. ansässig.

PERUGIA

Castello di Giomici

Selbstversorger-Appartements in einer Burg

Il Castello di Giomici, 06029
Valfabbrica, 06029 Perugia

Tel (075) 901243
Fax (075) 901713
E-Mail
reception@IlCastelloDiGiomoci.it
Mahlzeiten: keine
Preise: €
Geschlossen: nie

Der Weiler aus dem 12. Jh., der das Castello di Giomici bildet, thront auf einem bewaldeten Hügel über einem friedvollen Tal. Der größte Teil der mit zwei Türmen und Burgwällen äußerst beeindruckenden Anlage wurde von Luciano Vagni in Selbstversorger-Appartements umgewandelt; alle sind schlicht in rustikalem Stil eingerichtet. Mit einem großen Garten, Bowlingbahnen, Tischtennis, Fischen im See und einem Spieleraum ist der Ort nahezu ideal für unternehmenslustige Familien. In der Nähe gibt es übrigens keine Möglichkeit, zum Essen zu gehen.

TERNI

BASCHI

Le Casette/Pomurlo Vecchio
⌇ Ländliches Gästehaus ⌇

Loc. Pomurlo Vecchio, Baschi, 05023 Terni
Tel (0744) 950190/950475 **Fax** (0744) 950500

Lazzaro Minghellis großer Gutshof erstreckt sich vom Südufer des Lago di Corbara fast bis nach Baschi. Sein romantischer Familiensitz ist ein ungewöhnlicher Turm aus dem 12. Jh. Er umfasst auch vier kleine Appartements, jedes mit eigenem Eingang, gemütlich, allerdings auch etwas verschlissen und erneuerungsbedürftig.

Der Hauptteil des Gästehauses, Le Casette, befindet sich am anderen Ende des Gutes in Richtung Baschi. Hier hat man drei steinerne Häuschen um ein zentrales Schwimmbad auf dem Hügelkamm umgebaut. Ihnen fehlt zwar die Patina, doch sie sind eine sommerliche Oase, die vor allem Familien anspricht. Die Zimmer sind einfach, aber bequem ausgestattet, mit weißgetünchten Wänden oder unverputzten Steinmauern. Jedes hat einen Kühlschrank mit Zutaten für ein Frühstück, das man im Aufenthaltsraum oder auf einer der Terrassen einnehmen kann.

Bemerkenswert ist das von Tochter Daniela geleitete Restaurant mit herzhaften, schmackhaften Gerichten der Gegend; achtzig Prozent der Zutaten stammen aus eigenem biologischem Anbau. Dazu kommt die Herzlichkeit der Familie, die mit den Gästen am Tisch sitzt und alles tut, damit sie sich wie zu Hause fühlen.

⌇

Umgebung: Orvieto (15 km); Todi (20 km) • **Lage:** 1 km südlich der SS 448, nicht weit vom Lago di Corbara, oder 5 km östlich von Baschi, Richtung Montecchio **Mahlzeiten:** Frühstück, Mittag- und Abendessen • **Preise:** €–€€; Mindestaufenthalt im Aug. 1 Woche • **Zimmer:** 3 kleine Appartements in der Hauptvilla, 8 Doppelzimmer, 6 Appartements im Komplex Le Casette (ca. 1,5 km entfernt), alle mit Dusche, Kühlschrank • **Anlage:** Restaurant, Bar, Schwimmbad, Reiten **Kreditkarten:** keine • **Tiere:** nach vorheriger Absprache • **Behinderte:** 3 geeignete Zimmer • **Geschlossen:** nie • **Sprachen:** etwas Englisch **Besitzer:** Lazzaro und Daniela Minghelli

TERNI

BASCHI

La Penisola
~ Ländliches Hotel und Restaurant ~

Baschi, Strada per Todi (SS 448), 05023 Terni
Tel (0744) 950521 **Fax** (0744) 950524
E-Mail info@penisola.net **Website** www.penisola.net

Das moderne, aber auf seine Art elegante Haus gefällt vor allem Leuten, die neuzeitlichen Komfort und eine perfekte Anlage wollen. Es ist wunderbar am Ufer des Stausees Lago di Corbara gelegen. Die »villa« war ursprünglich eine Ansammlung landwirtschaftlicher Gebäude aus dem 19. Jh. und wurde kompromisslos modernisiert. Die niedrigen Bauten in hübschem Rosa passen gut in das baumbestandene, hügelige Gelände, das zum See hinunter abfällt.

Im Innern herrschen klare Linien vor, die nur hier und da durch einen alten, aus Ziegeln gemauerten Bogen oder einen Kamin unterbrochen werden. Die Möblierung ist stilvoll zeitgemäß, die Dekoration sparsam; so hat man ein Gefühl der Großzügigkeit und Weite. Das Hotel nutzt seine günstige Lage am See: Durch große Panoramafenster geht der Blick über die gekräuselte Wasseroberfläche zu den grünen Hügeln am Ufer gegenüber. Die Gartenanlagen mit riesigen Rasenflächen und bunten Blumen in gedrungenen Terrakottatöpfen sind sorgfältig gepflegt. Unter der Pergola in der Nähe des Restaurants sitzt man nicht nur zum Essen und wegen der schönen Aussicht, sondern auch, um die kühle Abendbrise vom See zu genießen.

~

Umgebung: Orvieto (10 km); Todi (15 km) • **Lage:** in Uferlage an der SS 448 zwischen Orvieto und Todi; Parkplatz • **Mahlzeiten:** Frühstück, Mittag- und Abendessen • **Preise:** €€ • **Zimmer:** 19 Doppelzimmer, alle mit Bad oder Dusche, Telefon, TV, Minibar • **Anlage:** Aufenthaltsraum, Bar, Restaurant, Garten, Schwimmbad, Tennisplatz, Billard, Kleinplatz-Fußball, Sauna • **Kreditkarten:** AE, DC, MC, V **Tiere:** nach Rückfrage • **Behinderte:** 1 geeignetes Zimmer • **Geschlossen:** nie; Restaurant Mo • **Sprachen:** Englisch, Französisch, Spanisch • **Geschäftsführer:** Familie Cramst

Terni

Palazzo Consoli
⁓ Gästehaus auf dem Dorf ⁓

Corso Vittorio Emanuele II 46, 05017 Monteleone d'Orvieto, Terni
Tel & Fax (0763) 834032
E-Mail info@palazzoconsoli.it **Website** www.palazzoconsoli.it

Dieser Palazzo aus dem 16. Jh. liegt in einem bezaubernden, beschaulichen Dorf auf einer Bergkuppe. Stephen und Elisa Crowther (er Engländer, sie Italienerin) kauften ihn inklusive prächtiger antiker Möbel und Gemälde, aber auch mit seltsamen Gegenständen aller Art, die die Großmutter des Vorbesitzers gesammelt hatte. Die Crowthers haben das Haus liebevoll restauriert und eigene Ideen mit sicherem künstlerischem Gespür umgesetzt: Die Kombination von alter Architektur mit Designerstücken und der herzliche Empfang durch die Besitzer begeistern wirklich.

Die fünf Zimmer verschiedener Größe sind in warmen Tönen gehalten und unterschiedlich möbliert. Es finden sich schöne Tagesdecken, edle Bettwäsche, frische Blumen und Tabletts mit einheimischem Likör als Schlummertrunk für die Gäste. Die Marmorbäder mit flauschigen Handtüchern sind supermodern. Der behagliche Aufenthaltsraum ist mit Fernseher, Stereoanlage und reichlich Lesestoff ausgestattet, und eine wunderbare, teilweise verglaste Terrasse bietet atemberaubende Blicke auf die weite Landschaft. Das Frühstück wird in der ursprünglichen Küche des Palazzo oder in einem winzigen Hof serviert. Stephen ist ein Feinschmecker, der auf Bestellung auch für seine Gäste kocht; ein Restaurant ist in Planung.

⁓

Umgebung: Orvieto (30 km); Città della Pieve (7 km) • **Lage:** im Zentrum des Bergdorfes Monteleone d'Orvieto; öffentlicher Parkplatz 50 m entfernt • **Mahlzeiten:** Frühstück; Abendessen auf Bestellung • **Preise:** €€ • **Zimmer:** 4 Doppel- und 1 Zweibettzimmer, alle mit Bad oder Dusche; alle Zimmer mit Fön und Minibar • **Anlage:** Frühstücksraum, Aufenthaltsraum, Veranda • **Kreditkarten:** MC, V **Tiere:** nicht erlaubt • **Behinderte:** nicht geeignet • **Geschlossen:** 7. Januar bis Ende Februar • **Besitzer:** Elisa und Stephen Crowther

TERNI

NARNI

Dei Priori

Stadthotel

Vicolo del Comune 4, Narni, 05035 Terni
Tel & Fax (0744) 726843
E-Mail info@loggiadeipriori.it **Website** bellaumbria.net/hotel-Deipriori/home

In diesem freundlichen kleinen Hotel in einer der Städte des südlichen Umbrien, die noch keiner besungen hat, kann man auf einer Rom-Reise über die Via Flaminia abseits der Hauptrouten Station machen. Das Haus versteckt sich an einer stillen Straße im mittelalterlichen Kern von Narni. Die großartige Piazza dei Priori, der romanische Dom und der Palazzo del Podestà aus dem 14. Jh. sind Grund genug für einen Zwischenhalt.

Die Fleischhaken am Ziegelgewölbe der Eingangshalle weisen darauf hin, dass hier früher die Lebensmittelversorgung des Palazzo war. Die Aufenthaltsräume im *piano nobile* wirken dagegen viel ehrwürdiger.

Mit dem Lift oder besser über das grandiose schwarze, ovale Treppenhaus gelangt man zu den modernen, bequemen Zimmern mit Blick auf den Innenhof oder über die Ziegeldächer des mittelalterlichen *borgo*. Einige haben ihren eigenen Balkon.

Unten weitet sich das Restaurant im Sommer bis in den Hof aus. Die Karte bietet vorwiegend umbrische Kost (heimische Spezialität ist *manfricoli*), doch der venezianische Koch bietet auch manchmal nördliche Gerichte an.

Umgebung: Ponte di Augusto (2 km); Otricoli (14 km) • **Lage:** 20 m vom Hauptplatz der Stadt, der Piazza dei Priori • **Mahlzeiten:** Frühstück, Mittag- und Abendessen • **Preise:** € • **Zimmer:** 17; 5 Einzelzimmer, 11 Doppelzimmer, 1 Suite, alle mit Dusche, TV, Radio, Minibar; 7 Zimmer mit Klimaanlage • **Anlage:** Aufenthaltsraum, Frühstücksraum, Bar, Restaurant mit Tischen bis in den Hof • **Kreditkarten:** AE, DC, MC, V • **Tiere:** nur kleine, gut erzogene Tiere erlaubt • **Behinderte:** keine besonderen Einrichtungen • **Geschlossen:** nie • **Sprachen:** etwas Englisch • **Besitzer:** Maurizio Bravi

TERNI

ORVIETO

La Badia
∼ Alte Abtei ∼

Loc. La Badia, Orvieto, 05019 Terni
Tel (07633) 01959 **Fax** (07633) 05396

Wer in der Dämmerung hier eintrifft, fühlt sich an den Schauplatz eines mittelalterlichen Romans versetzt: Ruinen mächtiger Gewölbe, von den Zinnen eines Glockenturms krächzende Krähen, die Silhouetten dunkler Zypressen, jenseits des Tals die Umrisse der Kathedrale von Orvieto auf ihrer Felsenfestung. Aber das goldene Steinkloster auf dem Berg, das von der sattgrünen umbrischen Landschaft umgeben ist, erweist sich bald als ein bemerkenswertes Hotel. Behutsamkeit war die Devise bei der Umwandlung des herrlichen Bauwerks in ein elegantes Hotel. Immer noch spricht die mächtige Architektur des alten Klosters für sich, Verschönerungen späterer Tage blieben auf ein Minimum beschränkt. Die schweren Stilmöbel passen gut in die dicken Mauern; schmiedeeiserne Lampen beleuchten die Deckengewölbe; die Fußböden sind schlicht oder zeigen geometrische Terrakottamuster.
Auf dem Hügel dahinter gibt es, umgeben von Pinien und Zypressen, ein Schwimmbad wie für einen Papst. Vor der Abtei liegt neben dem berühmten zwölfeckigen Turm ein friedlicher Garten, in dem man den Anblick von Orvieto still genießen kann.

∼

Umgebung: Orvieto (5 km); Todi (40 km); Viterbo (45 km) • **Lage:** auf einem Bergrücken, 5 km von Orvieto • **Mahlzeiten:** Frühstück, Mittag- und Abendessen **Preise:** €€-€€€ • **Zimmer:** 31; 3 Einzelzimmer, 21 Doppelzimmer, 7 Suiten; alle mit Bad oder Dusche, Telefon, Klimaanlage • **Anlage:** Aufenthaltsraum, Frühstücksraum, Bar, Restaurant, Konferenzraum, Tennisplatz, Schwimmbad **Kreditkarten:** AE, V • **Tiere:** nicht erlaubt • **Behinderte:** Zugang schwierig **Geschlossen:** Jan. und Feb. • **Sprachen:** Englisch • **Besitzerin:** Luisa Fiume

TERNI

ORVIETO (CANALE)

Fattoria La Cacciata
~ Ländliche Villa ~

Loc. La Cacciata 6, Orvieto, 05010 Terni
Tel (0763) 300892-305481 **Fax** (0763) 300892
Website www.argoweb.it/cacciata

Von dem kleinen Dorf Canale ist es nur ein kurzes Stück durch die
Weingärten zur Villa La Cacciata. Jenseits des Tales steht die Kathedrale von Orvieto, die majestätisch auf ihrem Kalksteinsockel
thront. Die Lage des Schwimmbads gehört sicher zu den besten in
ganz Italien.
Das Hauptgebäude, eine aristokratische Villa, die im 19. Jh. ein
neues Gesicht erhielt, wird nach wie vor von *avvocato* Belcapo und
seiner Familie bewohnt, doch die vier steinernen Bauernhäuser
rundherum hat man zu einfachen Unterkünften für Gäste umgebaut. In den Zimmern herrscht noch bäuerliche Atmosphäre: Bal-
ken- und Ziegeldecken, Terrakottaböden und schlichtes, fast spar-
tanisches Mobiliar. Von den meisten hat man einen idyllischen Blick
über das Gut. Es gibt nur Gemeinschaftsbäder, aber das wirkt sich
auch auf den Preis aus.
Das Familiengut der Belcapos erzeugt einen der besten Orvieto
Classico und feines Olivenöl.
Wenn Küche und Restaurant in einem der Häuser nicht gerade für
Kochkurse genutzt werden, bietet die Familie ein köstliches Menü
mit ausschließlich umbrischen Gerichten.

~

Umgebung: Kathedrale von Orvieto und Pozzo di San Patrizio (4 km) • **Lage:** nicht
weit vom Dorf Canale, südlich von Orvieto • **Mahlzeiten:** Frühstück, Abendessen
nach Wunsch • **Preise:** € • **Zimmer:** 11 Doppelzimmer mit 10 Bädern • **Anlage:**
Aufenthaltsraum mit TV in jedem Haus, Restaurant, Bar, Schwimmbad, Garten,
Reiten • **Kreditkarten:** keine • **Tiere:** nicht erlaubt • **Behinderte:** keine besonderen
Einrichtungen • **Geschlossen:** in der Weihnachtszeit • **Sprachen:** etwas Englisch
Besitzer: Settimio Belcapo

Terni

Palazzo Piccolomini
~ Stadthotel ~

Piazza Ranieri 36, 05018 Orvieto, Terni
Tel 0763 341743 **Fax** 0763 391046
E-Mail piccolomini.hotel@orvienet.it **Website** www.hotelpiccolomini.it

Die bemerkenswerte, zauberhafte Stadt Orvieto, die sich auf ihrem Tuffsteinpodest etwa 300 Meter über den Meeresspiegel erhebt kann mit einem großartigen Dom, einem Centro Storico voller Atmosphäre, einer guten Auswahl an Restaurants, die ausgezeichnete regionale Gerichte servieren, und – last, but not least – einem exzellenten Weißwein aufwarten.

Der hellrosafarbene Palazzo Piccolomini ist nach der Familie benannt, die ihn im ausgehenden 16. Jh. erbaut hat, und liegt im Herzen der Altstadt. 1998 ist er in ein wunderschönes Hotel umgewandelt worden. Im Inneren der kühlen, gewölbten Räume, die etwas spartanisch, aber geschmackvoll eingerichtet sind, herrscht eine wundervolle Ruhe. Im geräumigen Salon heben sich schmiedeeiserne Kandelaber und die weißen Bezüge der Sofas und Stühle stilvoll von den weißen Wänden und polierten Terrakottaböden ab; durchsichtige weiße Vorhänge kräuseln sich im Luftzug und filtern das helle Sonnenlicht. Die Zimmer variieren zwar in Größe und Form, sind jedoch alle im gleichen Stil mit modernen dunklen Holzmöbeln und dunkelblauen Farbtupfern eingerichtet. Einige verfügen über eine Aussicht über die Dächer von Orvieto. Das Frühstück wird in einem ursprünglich etruskischen gewölbten Kellerraum serviert.

~

Umgebung: Dom; unterirdische Höhlen • **Lage:** im Süden der Stadt nahe der Porta Romana; öffentlicher Parkplatz 200 m entfernt • **Mahlzeiten:** Frühstück
Preise: €€ • **Zimmer:** 31; 6 Einzelzimmer, 22 Doppel- und Zweibettzimmer, 3 Suiten, alle mit Dusche; alle Zimmer mit Telefon, TV, Klimaanlage, Minibar, Fön
Anlage: Frühstücksraum, Aufenthaltsraum, Bar, Aufzug • **Kreditkarten:** AE, DC, MC, V • **Behinderte:** einige Zimmer geeignet • **Tiere:** erlaubt • **Geschlossen:** 1 Woche im Januar • **Geschäftsführerin:** Liliana Achilli

TERNI

ORVIETO

Villa Ciconia
～ Ländliche Villa ～

Loc. Ciconia, Via dei Tigli 69, Orvieto, 05018 Terni
Tel (0763) 305582/3 **Fax** (0763) 302077
E-Mail villaciconia@libero.it **Website** www.hotelvillaciconia.com

La Ciconia wird durch seinen baumreichen Garten von der belebten Straße wie auch von den ausufernden Vororten Orvietos abgeschirmt; die hübsche graue Villa aus dem 16. Jh. hat zwei Erkerfenster zu beiden Seiten des überwölbten Eingangs. Im Innern trifft man auf eine Vielzahl von Stilen; das reicht von den geräumigen Aufenthaltsräumen im Erdgeschoss mit mehrfarbigen, geometrischen Steinfußböden, einem mächtigen Kamin und gemalten Friesen unter der schweren Holzdecke bis zu den schlichteren, aber auch wohnlicheren Räumen oben, wo Ledersofas einen Hauch von Moderne verbreiten.

Die Zimmer im eher ländlichen Stil haben schmiedeeiserne oder Himmelbetten und antike Kommoden, die zu den Balkendecken und warmen Terrakottaböden passen. Die Bäder sind meistens mit Dusche statt Badewanne ausgestattet.

Der von zwei Bächen gesäumte Garten mit dem durch stattliche Pinien und Steineichen beschatteten Rasen ist wirklich eine Oase. Leider hört man den Lärm von der Straße. Im Restaurant werden umbrische Spezialitäten serviert; das Haus ist für Hochzeiten beliebt, deshalb geht es am Wochenende manchmal etwas laut her.

～

Umgebung: Orvieto (3 km); Todi (33 km); Perugia (78 km) • **Lage:** außerhalb von Orvieto auf eigenem Gelände; großer Parkplatz • **Mahlzeiten:** Frühstück, Mittag- und Abendessen • **Preise:** €€-€€€ • **Zimmer:** 13; 1 Einzel-, 12 Doppelzimmer alle mit Bad (1 mit Jacuzzi), Telefon, Satelliten-TV, Minibar, Klimaanlage • **Anlage:** Aufenthaltsräume, Speiseraum, Frühstücksraum, Garten, Swimmingpool • **Kredit-karten:** AE, DC, MC, V • **Tiere:** nach Voranfrage • **Behinderte:** nicht geeignet **Geschlossen:** Mitte Jan. bis Mitte Feb.; Restaurant Mo • **Sprachen:** Englisch **Besitzer:** Valentino Petrangeli

TERNI

TITIGNANO

Fattoria di Titignano
∾ Ländliches Dorf-Gästehaus ∾

Loc. Titignano, Orvieto, 05010 Terni
Tel (0763) 308022 **Fax** (0763) 308002

Es ist nicht gerade ein Ort von übertriebenem Luxus oder anspruchsvollem Lebensstil, sondern ein schlichtes, ehrliches Gästehaus auf dem Land. Sein Reiz liegt nicht in perfektem Hotelservice; hier ist vielmehr ein Gutshof, auf dem gearbeitet wird und wo Besucher, die gern in ländlicher Abgeschiedenheit sind, herzlich willkommen geheißen werden.

Das Gut gehört der Adelsfamilie Corsini und umfasst zweitausend Hektar Land; der Weiler liegt auf einem Hügel mit Blick auf das Tibertal und den Lago di Corbara. Auf einer Seite der breiten Straße liegt das Haupthaus mit den Aufenthaltsräumen und einigen Gästezimmern. Im ersten Stock sieht man von der reizenden Loggia mit Blumenkübeln die Kirche und die früheren Arbeiterquartiere, in denen heute Gästezimmer und kleine Appartements sind.

Das Ganze ist von etwas ramponierter Rustikalität mit Spuren einstiger Eleganz: steinerne Tür- und Kamineinfassungen, düstere Ölgemälde, hohe Holzdecken mit schweren, dunklen Balken. Die Zimmer sind unterschiedlich: in den früheren Arbeiterwohnungen kleiner und moderner, dazu Bäder in rosa Travertin. Sehen Sie sich den Weinkeller und die Käserei an.

∾

Umgebung: Orvieto (25 km); Todi (23 km) • **Lage:** 25 km nordöstlich von Orvieto, abseits der SS 79 • **Mahlzeiten:** Frühstück, Abendessen • **Preise:** €; 30 % Nachlass für das 3. Bett im Zimmer • **Zimmer:** 6 Doppelzimmer, alle mit Bad oder Dusche; 5 Appartements • **Anlage:** Wohnraum, Speiseraum, Terrasse, Schwimmbad **Kreditkarten:** keine • **Tiere:** erlaubt • **Behinderte:** nicht geeignet • **Geschlossen:** nie • **Sprachen:** Englisch, Französisch • **Geschäftsführer:** Giulio und Monica Fontani

TERNI

La Casella
Restaurierter Weiler

Ficulle, 05016 Terni

Tel & Fax (0763) 86684/86588
E-Mail lacasella@tin.it
Website www.lacasella.com
Mahlzeiten: Frühstück, Mittag-,
Abendessen
Preise: €–€€€
Geschlossen: nie

Ruhe Suchende sind hier definitiv am richtigen Ort: inmitten bewaldeter Hügel nördlich von Orvieto und vom Rest der Welt durch eine sieben Kilometer lange, nicht asphaltierte Straße getrennt. Der Weiler besteht aus zwölf ehemals von Bauern bewohnten, später verlassenen Steinhäusern, die vor dem Verfall gerettet und in gemütliche Unterkünfte verwandelt wurden, die romantischten sind mit Himmelbetten und offenen Kaminen ausgestattet. Inmitten eines Feldes bietet ein Swimmingpool Ausblicke auf Wälder (von Juni bis September), außerdem gibt es Reit- und Tennisplätze, die bei Nacht mit Flutlicht beleuchtet werden. Gemeinsame Mahlzeiten, eine schöne Bar und ein kleines Wellness-Center sorgen für eine gesellige Atmosphäre.

REGISTER DER HOTELS

In diesem Register sind die Hotels nach dem ersten selbstständigen Bestandteil ihres Namens aufgeführt. Zusätze wie »Hotel«, »Albergo«, »Il«, »La«, »Dei« und »Delle« wurden ausgelassen. Zusätze, die zur Unterscheidung der betreffenden Hotels notwendig sind, wie »Casa«, »Castello«, »Locanda« oder »Villa« wurden hingegen aufgenommen.

REGISTER DER HOTELS

REGISTER DER HOTELS

REGISTER DER ORTE

In diesem Register sind die Hotels nach der Stadt oder Ortschaft, in denen oder in deren Nähe sie sich befinden, aufgeführt. Hotels in sehr kleinen Ortschaften sind unter dem Namen der nächst größeren Stadt zu finden.

REGISTER DER ORTE

REGISTER DER ORTE

Bitte beachten Sie auch folgende Titel aus dem Christian Verlag:

Entdecken & Genießen
Esskultur und Lebensart. Mit Rezepten
192 Seiten mit über 200 Farbfotos, s/w-Fotos und 1 Stadtplan.
Bisher erschienen: *Paris, Florenz, Barcelona, San Francisco, New York, Rom*
In Vorbereitung: *London*

Weltbeste Kochbuchserie / Gourmand World Cookbook Award 2005

Entdecken und genießen Sie die Esskultur und Lebensart der interessantesten Metropolen der Welt. Besuchen Sie mit uns die bunten Märkte, die schönsten Plätze, die traditionellen Bars, aber auch die angesagten Lokale, und genießen Sie die Familienrezepte und die feinen Kreationen der schicken Restaurants.
Savoir vivre, Dolce vita oder Easy going: Geben Sie sich dem wahren Lebensgefühl der Stadt Ihrer Träume hin und lassen Sie sich die weltberühmten Klassiker und modernen Spielarten stilecht zu Hause schmecken.

Entdecken & Genießen FLORENZ
Toskanische Esskultur und Lebensart. Mit Rezepten
Von Lori de Mori
192 Seiten mit 220 Farbfotos, 24 s/w-Fotos und 1 Stadtplan.
ISBN 3-88472-663-3

Wie genießt man *la dolce vita* in Florenz?
Entdecken Sie die Stadt kulinarisch: auf den lebhaften Märkten, in den traditionellen Trattorien und Restaurants für Trendsetter. Wir stellen die typischen Spezialitäten vor – von der erstaunlichen Wurstvielfalt über das berühmte Olivenöl bis zum toskanischen Wein – und begleiten Sie zu den Händlern und Produzenten. Rund 50 florentinische Originalrezepte in der italienischen Menüfolge von Antipasti bis Dolci machen Lust aufs Kochen: Die Palette reicht von echten Klassikern wie Ossobuco bis zu feinem Kalbfleisch in Rhabarber-Honig-Sauce aus der modernen florentinischen Küche. Entdecken und genießen Sie deren weltberühmte Spezialitäten stilecht zu Hause.

Entdecken & Genießen ROM
Römische Esskultur und Lebensart. Mit Rezepten
Von Maureen B. Fant
192 Seiten mit 250 Farbfotos, 17 s/w-Fotos und 1 Stadtplan.
ISBN 3-88472-690-0

Rom ist ein Paradies für Feinschmecker, denn Tausende von Geschäften versorgen die große Stadt mit allem, was das kulinarische Herz begehrt – von hausgemachter Pasta über frischen Schafsmilch-Ricotta bis zu den besten Weinen aus dem Umland. Der Tag beginnt oft mit einem *Caffè e cornetto* in der Bar an der Ecke. So gestärkt geht es zum Einkaufen, etwa in der labyrinthischen Markthalle nahe der Piazza Vittorio oder im kulinarisch geprägten Viertel Testaccio. Gratis gibt es beim Einkaufen schon mal eine Lektion, wie man frische Artischocken küchenfertig macht, oder man erhält ganz nebenbei noch ein neues Rezept, z. B. für

Saltimbocca alla romana, Klippfisch mit Rosinen und Pinienkernen, Gnocchi mit Gorgonzola und Radicchio oder *Pecorino romano* mit Birnen und Feigenmus.

Entdecken Sie, was das römische Essen ausmacht, wo man die bodenständige Regionalküche findet und wo sich die Szene trifft, welche Restaurants Maßstäbe setzen und aus welchen kulinarischen Traditionen die Küchenchefs für ihre Cucina creativa schöpfen. Holen Sie sich das Beste aus Rom nach Hause auf den Tisch.

Antonio Carluccios Italien
Die 125 besten Rezepte aus allen Regionen
Von Antonio Carluccio
256 Seiten mit über 150 Farbfotos.
ISBN 3-88472-677-3

Der bekannte Meisterkoch Antonio Carluccio ist einer der größten Kenner und ein anerkannter Botschafter der italienischen Küche. In diesem mit herrlichen Fotos illustrierten Buch nimmt er uns mit auf eine Reise zu seinen kulinarischen Wurzeln.

Vom Piemont bis nach Sizilien bringt er uns jede einzelne italienische Region kulinarisch näher und erklärt die typischen regionalen Spezialitäten. Sorgfältig hat er 125 Originalrezepte zum Nachkochen ausgewählt: Mit *Agnolotti in tovagliolo, Triglie alla livornese, Costoletta del curato, Polpi affogati* und *Caponatina di melanzane* kann man nun die echte und unverfälschte italienische Regionalküche genießen, wie sie nicht jeder kennt.

Toskana – Genießer unterwegs
Rezepte und kulinarische Notizen
Von Lori de Mori
256 Seiten mit 200 Farbfotos, 50 Aquarellen und 1 handillustrierten Landkarte.
ISBN 3-88472-523-8

LORI DE MORI führt sachkundig und unterhaltsam in die Geheimnisse der toskanischen Kochkunst ein, blickt in die Kochtöpfe des Volkes und seiner fürstlichen Vorfahren und stellt in 25 Essays die typischen Zutaten und kulinarischen Leidenschaften vor. Unter den 135 Gerichten, die sie für unsere Feinschmeckerreise ausgewählt hat, finden sich uralte Rezepte und berühmte Spezialitäten der cucina povera – einer Arme-Leute-Küche also, in der sich das besondere Talent der Toskaner zeigt, die Gaben der Natur oder gar »Reste« in überaus köstlichen Kreationen zu »verwerten«. Die ungekünstelte Schlichtheit der toskanischen Küche entspricht aber auch unserer heutigen Vorliebe für schnelle, frische Gerichte, für die – vom *Antipasto* bis zum *Dolce* – die interessantesten Rezepte notiert sind. Mit den 200 appetitanregenden Aufnahmen der Gerichte und Bildern aus dem kulinarischen Alltag, 50 bezaubernden Aquarellen sowie den klassischen und modernen, mühelos nachkochbaren Rezepte können wir die italienischste aller Regionen zu Hause genießen.

Italien – Genießer unterwegs
Rezepte und kulinarische Notizen
Von Michele Scicolone
256 Seiten mit 213 Farbfotos, 81 Aquarellen und 1 handillustrierten Landkarte.
ISBN: 3-88472-471-1

MICHELE SCICOLONE nimmt den Leser mit auf eine Feinschmeckerreise durch Italien, von Südtirol bis Sizilien. Sie führt sachkundig und unterhaltsam in die Geheimnisse der regionalen Kochstile ein, blickt in die Kochtöpfe des Volkes und seiner fürstlichen Vorfahren und stellt in 24 Essays die typischen Zutaten und kulinarischen Leidenschaften vor. Unter den 143 Gerichten, die sie für unsere Feinschmeckerreise ausgewählt hat, finden sich berühmte Spezialitäten, traditionelle wie zeitgenössische Rezepte. Mit den 213 appetitanregenden Aufnahmen der Gerichte und Bildern aus dem kulinarischen Alltag, bezaubernden Aquarellen sowie den mühelos nachkochbaren Rezepten können wir die Küche der italienischen Regionen zu Hause genießen.

StyleCityTravel Rom
Von Sara Manuelli
192 Seiten mit über 300 Farbfotos und 6 Karten.
ISBN 3-88472-669-2

Gegründet auf sieben Hügeln, glanzvoll für das Millenium renoviert: Entdecken Sie mit StyleCityTravel das neue Rom. Auf stillen Plätzen oder lebhaften Märkten, in sonnigen Cafés oder angesagten Bars genießen Sie die lässige Leichtigkeit der ewigen Stadt. Von Kennern ausgewählte Adressen führen straßenweise dorthin, wo man neben antiken Stätten und barocker Kunst aktuelle Trends in Kunst und Szene, Kultur und Design aufspüren kann. Ob im durchgestylten Aleph Hotel oder im zeitlos luxuriösen Ripa, ob Alta Moda an der Via Veneto oder Schnäppchensuche auf dem Flohmarkt Porta Portese, Museumsfülle auf dem Campidoglio oder Entspannen in der Villa Celimontana, ob ein Aperitivo nahe des Campo de' Fiori oder Nachtleben in Testaccio – Rom hat viel zu bieten. Lassen Sie sich von den anregenden Texten und mehr als 300 Farbfotos zu einer ganz besonderen Begegnung mit dieser Metropole inspirieren, in der jeder Winkel Vergangenheit und Lebendigkeit ausstrahlt!

Hotel Stories
Legendäre Hotels und ihre Gäste
Von Francisca Matteoli
208 Seiten mit 250 Farbfotos und 85 s/w-Fotos.
ISBN 3-88472-543-2

Unter den Augen des diskreten Personals spielen sich in Hotels die kleinen Unfälle und großen Tragödien des Lebens ab. Hier holen sich Schriftsteller ihre Inspiration, Schauspieler haben heimliche Affären, und manchmal werden sogar Kinder geboren wie im New Yorker Chelsea. FRANCISCA MATTEOLI, Autorin und Weltenbummlerin, hat 38 grandiose Hotels in aller Welt besucht und in Wort und Bild porträtiert.

Asien Spa

Anwendungen, Rezepte, Wellness-Oasen
Ayurveda, Jamu, Qigong & Taiji, Reiki, Sên
Von Ginger Lee und Christine Zita Lim
232 Seiten mit 400 Farbfotos.
ISBN 3-88472-548-3

Entspannung pur, Wohlbefinden und gesundes Leben – der asiatische Kulturraum mit seinen jahrtausendealten Heilmethoden zeigt zahlreiche Wege auf, sich von Alltag und Stress zu erholen. Ob Traditionelle Chinesische Medizin (TCM) oder der aus Indien stammende Ayurveda, ihnen allen liegt das Streben nach Harmonie von Körper und Geist zugrunde. Dieser Führer durch die fernöstliche Wellness-Kultur stellt die traditionellen Therapien und Anwendungen vor und verführt zu einer Reise in die schönsten Spa-Ressorts.

Spa & Wellness in Europa

Anwendungen – Rezepte – Hotels
Von Ginger Lee
232 Seiten mit 400 Farbfotos.
ISBN 3-88472-625-0

Ob Thalasso, türkisches Hamam, ungarisches Moorbad, Kneipp, Aroma- oder Bachblütentherapie, Lymphdrainage, autogenes Training oder Sauerstofftherapie – es gibt viele Möglichkeiten, sich selbst Gutes zu tun. Das Buch stellt alle Wege zum Entspannen und Genießen vor und hilft Ihnen, die für Sie optimalen zu finden. Außerdem bietet es zahlreiche Rezepte aus Spa-Hotels, die Körper und Geist Harmonie und Energie schenken.

Die 24 schönsten Kreuzfahrten der Welt

Von Michel Bagot
176 Seiten mit 182 Farbfotos und 25 Karten.
ISBN 3-88472-601-3

Kreuzfahrten sind »in«. Allein die legendären Namen der Kreuzfahrtschiffe und die Reiseziele – von der Eislandschaft der Antarktis bis zu den smaragdgrünen Gewässern der Südsee – wecken Sehnsucht nach Ferne und Abenteuer. Ob mit Luxusliner oder Eisbrecher, Windjammer oder Segeljacht: Spektakuläre Landschaften, quirlige Hafenstädte, kulturträchtige Landausflüge und das entspannte Leben an Bord machen den Urlaub zu einem unvergesslichen Erlebnis.